U0057636

AQUARIUS

AQUARIUS

AQUARIUS

AQUARIUS

Vision

一些人物，
一些視野，
一些觀點，
與一個全新的遠景！

修補生命的洞

從原生家庭出發，為童年療傷

胡展誥（諮商心理師）

【推薦序】

說一段童年故事，找回成熟大人的力量

許皓宜（諮商心理師）

在大學工作十五年，我看過許多因家庭而受傷的孩子。

說是孩子似乎又有點不對，因為這些孩子多已年滿十八，已經成年、是個大人了。但很多時候，他們雖然人在學校，心卻還停留在受傷的家庭裡。

醫院和社區工作讓我這種感受更深。不論是年歲三十、四十、五十，甚至更年長的，談起父母，常常是心有怨懟，罕見對童年經驗充滿正向記憶的人。

有些人是記得童年時被父母責罰、毒打，有些人是不被肯定；有些人因為父母婚姻不和而備受忽視，有些人則夾在父母關係中間，變成那個調解衝突的小大人……縱然那些事件已是過往，但回想起來卻彷彿正在發生。一個不幸的童年，對許多人來說，彷彿在生命最初就遭遇詛咒，久久無法自拔。

這些年，我看見整個華人世界對於童年傷害的體悟正在覺醒，卻也因為內在負面想法持續出現，而不自覺地沉溺在一種黑暗的心態當中。在這樣的年代裡，心理學和心理專業人員變得重要，然而，從事貼近人心的工作，往往也考驗著專業者自身的立場與信念是否足夠沉穩。

初次與展誥相遇是在廣播電台，記得當時，他因出書而接受我的訪問。當展誥走進錄音室時，我真有種陽光灑進來的感覺，因為他臉上的微笑，展現一種讓人想要親近的溫暖，而坐下來談話片刻，我就發現他是一個能靠說故事，就讓我們又哭又笑的人。

收到展誥的新書《修補生命的洞——從原生家庭出發，為童年療傷》。我曾經聽朋友開玩笑說，沒有真正讀懂心理諮商的人，恐怕會以為這是一門勸人「離家出走」的學問，但展誥所表達的，重整原生家庭經驗，對自我進行修復，談的卻是「離枷出走」的概念。展誥在書中精準地告訴我們，所有不愉快的家庭記憶，重點並不在於過去曾經的事件內容，而是為何這些事件會變成我們心頭上無法卸除的「枷鎖」，持續影響成年後的人生，阻礙我們當個成熟的大人。

在我的想法中，我認為一個成熟的大人，是能看見自己的童年傷痛之外，還願意用一個成年後的溫柔眼光，去發覺自己隨著年歲增長所帶動的潛能。而展詰的新書，正是要帶領我們，找到自我療癒的鑰匙。

我想，這個年代已經不缺告訴你父母有多傷人、多可惡的書籍了，但揭發傷痛之後，我們仍要學著繼續行走未來的路。這是展詰的新書最珍貴的地方，他善用充滿溫暖的特長，說著動人的故事，陪伴我們打開記憶，學習接住自己的脆弱。

是的，我們終究可以當一個願意信任自己的大人。

【自序】

該不該誠實面對自己？

「要不要動手寫這本書？」這個問題，我在心裡與自己拉扯了好久。這種拉扯，就像是那些來到諮商室的孩子，也總是掙扎著要不要對我說出發生在家裡的事情。

我曾經在某個國小等待一位兒童前來晤談。他念小學二年級，因為遭到父母長期的肢體暴力而被通報社會局，於是被安排來接受心理諮商。那是我們第一次見面。

上課鐘聲響起，孩子嬌小的身影獨自出現在諮商室門口。一腳才踏進來，還不待我開口，他就用稚嫩的聲音大吼：「我才不要跟你講話，拔拔馬麻說你們都是壞人、都是來亂問問題的。」說完後就側過小小的身子，擺明了不配合的態度。

這種行為在心理諮商中通常被稱為「抗拒」，如果這樣的互動模式持續下去，他的輔導紀錄很可能會被這麼記錄：不願配合心理師、個性固執、難以建立關係、疑似有對立反抗或情緒障礙傾向、建議安排特殊教育鑑定……

可是，真的就只能這樣嗎？

我們經常只關注一個人的「抗拒」行為，卻忽略了去思考：他「何以」要抗拒？也就是，一個人「行為表現得如何」似乎比他「為什麼會有這樣的行為」還要更受關注。

在講求「孝」與「順」的文化價值底下，孩子鮮少從父母的身上獲得「被理解」的經驗。對於那些沒有滿足社會期待的行為表現，孩子很快就被貼上一張張負面的標籤，從此難以「翻身」。

可是，我們是否有這麼思考過：

- 是什麼讓一個孩子即使遭受暴力對待，也不願意將某些事情輕易說出口？
- 那一個小小的身子不惜讓自己受傷，也要用盡全力守護的東西是什麼？
- 是什麼讓他努力將家裡的事情化成一道道不能說出口的祕密？
- 有沒有可能他只是謹記父母親教他「不隨便與陌生人講話」的提醒？
- 是否因為無法判斷說出來會不會有負面的影響，所以乾脆選擇沉默？

沉默得太久，會離「自己」愈來愈遠

我們經常誤認為，如果把在家裡、在成長過程中受苦的經歷講出來，是一種對原生家庭的攻擊、是對父母的背叛。但事實上，當我們把受苦的故事講出來之後，乘載悲傷的眼淚、包覆著委屈與痛苦的情緒才有機會找到出口好好地宣洩，也幫助自己長期受到壓迫的內心清理出一個寬敞的空間，重新長出健康的故事。

然而，想要表達真實的自我之前，必須要有一個重要的前提。

很多人都認為「說」出來，才有機會被他人理解，卻忽略了重要的是：一個人或許必須先被理解，才會感受到自己是被接納、是安全的，才能勇敢地面對自己的經驗，說出真實的內在感受。

一個從小就鮮少被父母親理解的孩子，經常會卡在「想表達自己卻總是失敗」的挫折與無力感裡。

兒童與青少年在諮商室裡選擇「不說」的行為，經常與我內在難以除去的擔心及害怕產生共鳴：「我是否可以誠實地告訴父母，他們掛在嘴邊的某些話讓我很受傷？」「我可以拒絕父母為我做的某些安排嗎？」「我可不可以讓父母知道，他們認為的『好』，有些時候其實讓我覺得很壓迫、很不被尊重？」

或許因為曾經誠實說出口，反而惹來責罵；或許也因為不知道說出口，還到底有沒有效，後來寧可選擇忽視、選擇壓抑，也不願再多說些什麼。到後來，我們甚至不再需要壓抑自我，因為我們早已徹底忽視了自己真實的感受和需求。

那麼，如果我把這些話說了出來，會不會也等同於那一個在諮商室裡誠實說出家裡狀況的孩子，被認為是背叛父母親、否定父母的努力與付出？站在「孩子」的角色，我確實會有這樣的擔心。

然而在拉扯的過程，我終究還是緩慢地寫出了這一本書。我寫得很慢，也相當煎熬。因為，書寫這些內容不免會碰觸到許多成長過程中與父母的衝突，有愧疚、有恐懼，也有傷痛。而支撐著我持續寫完這本書的動力，是我當時決定投入諮商心理師這個領域的初衷。

作為一位協助他人處理情緒困擾的諮商心理師，我並沒有幫人解決各種疑難雜症的能力，我能做的，只是努力陪伴每一個來到我面前的來談者，聽見自己行為背後的努力、委屈、失落等各種一直被壓抑、被忽略的情緒感受。期待他可以帶著這一份被理解的經驗，重新找回更多真實的自己，長出願意繼續面對挑戰的勇氣。

在這一本書裡，我努力透過貼近在地文化的語言、日常生活中常見的互動模式，讓讀者具備更清楚的視框，看懂生活在這個文化底下的自己，在與原生家庭互動的過程中發生了什麼事。

本書分成三大部分，你可以視自己當前的需求選擇相關的章節閱讀：前四章我會陪伴你一同探索我們的童年是如何在家裡受傷的，我們可以從哪些面向探見自己的受傷經驗。第五章則是帶著你檢視在與父母的互動中，習以為常用來「求生」的行動，但這些方式或許無法帶給你太多的幫助。在最後兩章裡，我要用這幾年實務工作的經驗，與你分享調整自己的態度與方式，陪伴自己走向更健康的關係與生活。

倘若你在閱讀這本書、在探索童年家庭經驗的過程中遇見了自己的眼淚，請不要責罵它、拒絕它。

因為眼淚所在之處，往往也充滿了故事。

目錄

AQUARIUS 寶瓶 文化事業

愛書人卡

感謝您熱心的為我們填寫，
對您的意見，我們會認真的加以參考，
希望寶瓶文化推出的每一本書，都能得到您的肯定與永遠的支持。

系列：C009　書名：作文找碴王

1. 姓名：________ 性別：□男 □女
2. 生日：____年____月____日
3. 教育程度：□大學以上 □大學 □專科 □高中、高職 □高中職以下
4. 職業：________
5. 聯絡地址：________
   聯絡電話：（日）________（夜）________
   （手機）________
6. E-mail信箱：________
7. 購買日期：____年____月____日
8. 您得知本書的管道：□報紙／雜誌 □電視／電台 □親友介紹 □逛書店 □網路
   □傳單／海報 □廣告 □其他
9. 您在哪裡買到本書：□書店，店名________ □劃撥 □現場活動 □贈書
   □網路購書，網站名稱：________ □其他________
10. 對本書的建議：（請填代號 1.滿意 2.尚可 3.再改進，請提供意見）
    內容：________
    封面：________
    編排：________
    其他：________
    綜合意見：________
11. 希望我們未來出版哪一類的書籍：________

讓文字與書寫的聲音大鳴大放

寶瓶文化事業有限公司

（請沿此虛線剪下）

廣　告　回　函	
北區郵政管理局登記	
證北台字15345號	
免貼郵票	

寶瓶文化事業有限公司　　收

110台北市信義區基隆路一段180號8樓

8F,180 KEELUNG RD.,SEC.1,

TAIPEI.(110)TAIWAN R.O.C.

（請沿虛線對折後寄回，謝謝）

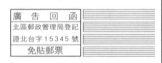

第一章

隱身在幸福童年背後的祕密

第一章、隱身在幸福童年背後的祕密

如果這世上有唯一純粹的東西，也許就是孩子渴求被父母疼愛的心情。——岡田尊司

我要邀請你從三個「快問快答」，開啟這本書的閱讀：

1 請你直覺而迅速地找出三個形容詞來形容你的童年生活。

2 提到「童年創傷」，你會想到哪三種家庭環境？

3 提到傷害孩子的家庭，你會想到哪三種類型的父母？

一、我們都可能帶著傷長大

在你思考的同時，我來分享一件印象深刻的事情。

幾年前，我跟朋友一起到熱炒店聚餐。席間，一名隔壁桌的小男孩在店裡到處奔跑、大聲喊叫，其他桌的顧客紛紛出言規勸卻不見效果，而帶著孩子來的媽媽穿著年輕時尚，似乎沒有注意孩子的狀態，也不太理會其他客人的眼光，只顧著和同桌的姊妹們開心暢談。

才過幾分鐘，小男孩在跑跳中失去重心，撞翻了我朋友手上盛滿熱湯的碗，滾燙的熱湯和著火鍋料灑在我的牛仔褲上，也濺到男孩身上。男孩嚇著了，嚎啕大哭地衝到母親身旁。

你們猜，母親怎麼反應呢？

趕緊檢視男孩是否有燙傷？安撫男孩驚恐的情緒？還是向被燙得從塑膠椅上跳起來，抓著滿是熱湯的長褲不知該如何是好的我道歉？

不，都不是。

只見母親高高舉起右手，精緻圖繪的指甲迅速在空中劃出五條銳利的彩色弧線。

「啪！」地一掌用力甩在小男孩臉上，力道之大，讓他足足轉了兩圈後跌坐在地上，臉上堆滿驚恐。

「恁娘勒，講了幾百次怎麼都講不聽！你把我弄髒怎麼辦？你怎麼不去死一死！」年輕的母親勃然大怒。

看見母親的反應，所有人都張大嘴巴、傻眼愣住，卻也沒人敢開口說話。

在場的顧客或許在私底下議論這位母親的管教方式不當，或許歸咎於小朋友太調皮，也或者只是拿來當作茶餘飯後的話題。總之離開火鍋店後，這件事很可能不會占據任何一個人的記憶空間。對許多人而言，結束了這場飯局，走出了這間火鍋店，一切彷彿船過水無痕。

但是這件事情，對於這個小男孩卻可能有很大的影響。

先不論母親管教疏漏之處，讓我們把焦點放在這個小男孩可能受到的影響。他難以意識到的是，自己雖然被熱湯燙傷了，得到的卻不是安撫與照護，沒有學到自我保護的方式，而是再一次受到傷害（被母親甩巴掌）。如果媽媽用同樣的教養方式持續下去，這個小男孩在成長過程中很可能會這樣告訴自己：

- 算了，反正我受傷也不會有人關心我。
- 我被燙傷還不如媽媽的衣服被弄髒來得重要。我真是沒有價值的人。
- 我只需要對媽媽負責，只要媽媽開心，我和其他人的感受一點都不重要。
- 父母關心的方式就是打罵，我之所以會被打罵，一定是我自己有問題。
- 那些相信父母會無條件愛孩子的人真是蠢蛋，這根本是不可能的事。

對這個小男孩而言，比起熱湯灑在身上的疼痛，臉頰上那猶如在傷口上撒鹽的一巴掌，卻可能讓他更加難受。**身體的傷會因為修復機制慢慢好轉，但內心的傷卻隨著時間逐漸惡化。**

如果媽媽的教養模式依舊沒有改變，**小男孩在內心所建立起「我是沒有價值的人」的假設，將會在往後與母親的互動中一次一次重複獲得證實，然後形成難以撼動的負向信念。**

然而，究竟是這個孩子真的不值得被愛？抑或是母親在這過程中只顧著滿足自己聊天的需求，卻忘了提醒孩子、適時制止孩子，甚至在孩子受傷時沒有給予適時的安撫與照顧呢？

一輩子影響著我們的「傷」

看完了上述的例子，我要邀請你重新檢視一些我們在成長過程中覺得再平凡不過的事情，看看你，是否會有些不同的感受？

- 在學校被欺負，回家卻被父母責罵：「你怎麼這麼笨？怎麼不懂得要保護自己？真是沒用。」
- 當你感冒發燒，或身體不舒服時，卻總是被父母嘲諷與責備：「誰像你這麼體弱多病？你怎麼不懂得照顧自己？看醫生不用花錢嗎？」
- 每當家裡生意清淡時，你就必須繃緊神經，避免因為任何小差錯惹來打罵。
- 不論你多麼努力幫忙家事，獲得好成績，爸媽總覺得你還不夠好，應該要更努力。

・當你因為自己優異的表現雀躍不已時，爸媽笑你眼光短淺，警告你別太自滿。
・當你開始長出自己的想法時，爸媽責怪你叛逆、不受教。
・當你想要專心忙自己的事情時，爸媽指責你太以自我為中心。

若你曾經歷過上述某些情境，是否雖然感受到不舒服、不服氣，卻也不禁責備自己：都是我沒用、太自私、不孝順、是我不好（雖然你也不清楚自己到底哪裡不好）才會惹得爸媽不開心。這種不舒服的感覺累積太久、太多，就成了我們難以辨識，卻一輩子影響著我們的「傷」。

看不見的傷口

在國家的保護下，凡遭受家庭暴力、性侵害、嚴重疏忽，或者父母身亡、因案入獄或其他因素而無法提供照顧的兒童與青少年，經常會透過通報管道而進入被保護的狀態。

即使這些孩子本身可能是非自願、不想離開原生家庭的，但政府站在對未成年人保護的立場，還是會將他們安置到比較能夠提供基本生活、保障生命安全的地方生活一段時間，確保他們能夠平安地長大。

但是，有另一群同樣在家裡「受傷」的孩子，卻鮮少被大家發現。不同於前一段那種明顯的身體虐待，這裡所說的傷是指情緒與感受的傷害，這種傷害雖然難以看見具體的傷口，在受傷的當下，也未必會展露出明顯的傷痕，但它所帶來的不舒服，卻可能經年累月地累積在心靈深處、默默地干擾著我們，也影響我們未來將會成為什麼樣的大人。

而這種在家庭裡因為父母的言語或行為而在心裡受傷的孩子，其數量肯定遠遠大於因嚴重虐待而被通報的兒童與青少年。

二、我們的童年是如何受傷的？

提到「受傷」這兩個字，很多人總會聯想到身體的傷害，若進一步再提到心理的創傷時，可能就會感到困惑：心理創傷？心理哪來的創傷？我的父母婚姻維持了幾十年，縱使家裡的經濟稱不上富裕，但日常生活所需不虞匱乏，手足之間感情和睦融洽、家人都有正當的職業、父母行有餘力會參與社區的公益活動、國小時我們家甚至還被學校推選為模範家庭哩……這樣的成長過程，怎麼會有創傷？

簡單來說，大多數的家庭都是屬於導師來做家庭訪問不會停留太久、服兵役時不會被特別身家調查、從未有警察或社工來訪、與鄰居不曾有什麼重大衝突紛爭的類型。

那麼，從小在這種家庭環境長大的我們，何來創傷之有呢？

讓我們來看看，你熟悉這些經常掛在大人們嘴邊的話嗎？

- 我數到三喔，再吵，你就留在這裡，我不要你了！
- 隔壁的孩子比你懂事，放假就乖乖回家幫忙工作。
- 誰像你一樣愛難過／悲傷／生氣／撒嬌……
- 你可以爭氣一點嗎？你看你哥哥，從來沒有讓我們擔心過……
- 你要是這麼多意見，以後過年不如不要回來！
- 我們辛苦賺錢養家，工作累了，罵你幾句難道不行？
- 隔壁某某的孩子念書都不用爸媽操心，每次都考高分！
- 你以為會考試就了不起嗎？會＿＿＿＿才是有用！
- 我真是後悔生下你！
- 一把年紀了還不嫁人，妳以為自己有多了不起嗎？
- 以後等你當了別人的父母，就會理解我們的苦心！

這裡面，哪一句話，你最熟悉？哪一句最容易惹怒你？哪一句至今依舊令你既委屈又難過？

哪一句話總是深深刺傷你的心，卻又令你無法為自己反駁？如果可以，你最希望父母停止繼續對你說哪一句話呢？

大人或許認為自己「說者無心」，也或許委屈地抗議：「我會這樣說，也是為了讓孩子繼續進步，提醒他們還可以更好。」但無論如何，**這些語言的確帶著某種程度的傷害性，侵蝕著孩子的自信心與價值感**。

我認為，父母在生活中認為「對孩子好」，實際上卻是對孩子造成傷害的行為包括了：

1 **肢體暴力**：各種體罰、毆打、禁止飲食、疏忽或不當的照顧等，對孩子在身體發展上造成實質傷害的行為。

2 **語言暴力**：比較、嘲諷、批評、貶低、辱罵等，藉由語言否定或貶低孩子的價值。

3 **情緒暴力**：情緒化、冷漠、刻意忽略、控制等，透過各種方式將自己的情緒發洩在孩子身上，或者要孩子來為父母的情緒負責。

長期處於這種對待底下長大的孩子，遭受的負面影響大致上可以分成三種類型：

1 **總覺得自己「不值得被愛」**：覺得自己是沒有價值的、不值得被喜歡的。

2 **總覺得自己「不重要」**：不應該為自己著想、覺得滿足別人的需求比自己還重要、不應該有自己的想法、不應該表現得太好，卻也不應該做錯事情。

3 **不知道自己到底「該怎麼辦」**：總是困惑著怎麼做才不會得罪別人，才可以讓大家都滿意，但往往不會先思考自己可能會因而被犧牲或受到傷害。

關於這三點，稍後將會在第二章到第四章詳加討論。我們先來仔細看看，父母說的話如何對孩子造成傷害。

每次電影散場，影廳大燈一亮時，如果是感人或虐心的結局，總會看到一些人拿起面紙擦拭淚痕，流暢的動作就好像是呼吸或喝水那般地自然。

但大部分的觀眾卻不是如此，他們深怕別人看到自己落淚的窘況，只能在感人的橋段上演時「恰好」起身去上廁所，趕緊喝一口冰可樂或塞兩把爆米花到嘴裡，藉以轉移注意力，或者在燈光打亮之前迅速抹去眼淚。

至於那些太過入戲以至於來不及「處理」掉眼淚的人，只能用力扭曲自己的臉，避免讓眼眶的淚水掉下來。

但除了這些反應以外，有更多人是無法接觸內在情緒的，也就是當他們處於感人或觸動的情境時，往往會告訴自己這些都是假的、虛構的、沒有意義的，也因而無須有特別的情緒。

是什麼讓「流淚」與「表達情緒」成了大人（尤其是成年男性）的禁忌？我們從兩段童年經驗來說明：

欣婷與年紀相仿的兩個表姊小時候時常玩在一塊，是有福同享、有難同當的好姊妹。國小畢業前夕，表姊一家突然決定移民國外。送他們到機場時，欣婷站在海關的這邊用力揮手、哭得唏哩嘩啦，不捨的心情化為止不住的淚水。

直到表姊一家的身影消失在走道的另一端，父親突然大罵：「妳看到哪一個孩子跟妳一樣哭成這樣？又不是有人死了……有夠丟臉。」

雖然不知道原因，但欣婷看到父親這麼生氣，錯愕地收起眼淚，覺得應該是自己做錯了什麼，縱使她根本不知道自己到底錯在哪裡……

※　※　※

小學二年級的宗宗向同學借了二十元，卻遲遲沒錢還對方，結果同學找了幾個人到班上揍他。隔天，宗宗的母親到學校找出該名同學，幫忙還了錢，也提醒他避免使用暴力。

回想起被大家圍在角落拳打腳踢的場景，加上不知道同學會不會再來找他麻煩，佇立在一旁的宗宗害怕地啜泣。

沒想到之後母親時不時就在大家面前提起這件事情：「實在很沒用。打他的人一副老神在每一個人與生俱來都有自己獨特的樣貌。

他們需要的，不是被調整成父母眼中「該有的樣子」，

而是被父母接納自己「原本的樣子」。

在、振振有詞，只有他哭得跟什麼一樣，難怪同學不打別人，偏要打他。」

每次聽到母親這麼講，語氣裡帶著一些嘲諷，又好像有一些對他的失望，宗宗雖然覺得很困窘，卻也無法反駁，一股氣悶在胸口，無處發洩……

你們猜，這兩個小孩在往後的成長過程中，將會對「哭泣」或「自己的情緒」賦予什麼樣的意義。

長大以後，當他們在面對與分離的情境時，很可能會大方給予對方祝福、貼心地要對方趕緊上車別耽擱了時間、瀟灑地告訴自己：人生本來就沒有不散的筵席……你或許認為他們「長大了」、「變得成熟穩重了」，但其實他們的內心卻缺了一塊，那就是關於分離的「不捨」悄悄地消失了。

他們或許已經忘了早年的事件，內心卻有一道聲音如影隨形地提醒自己：「不可以掉眼淚、不能表達脆弱的情緒、不可以感到害怕。」有負面情緒絕對不是一件好事。

他們面對內在情緒的方式從壓抑、否認到隔離，最終讓自己成了一具沒有情緒感受的情緒殭屍。

他們很難找出是什麼讓自己不舒服，也不清楚何以會與自己真實的情緒隔離，更難以覺察原來父母的一個眼神、一句話，帶來的影響竟然延續了如此之久。

而童年所受的傷，就是在這種與主要照顧者之間看似平常的互動中，一點一滴地堆積成山……

三、父母給的傷害，經常隱晦難辨

承志對於那些鋪在飯上的燒烤鰻魚或龍蝦沙拉感到興趣缺缺，他很少去碰自己的午餐便當，任憑同學將那些他們在日常生活裡鮮少見到的美食瓜分一空。

他的父親在對岸經商，每天晚上都是他陪著母親上各種餐館。即使每天晚餐的料理都不同，但餐桌上卻總是瀰漫著同樣的氛圍：說不完的孤寂、化不開的怨恨。

母親習慣在餐桌上抱怨著在異地經商的父親如何辜負她，猜忌著父親此時此刻應該跟外面的女人做一些下流事。

母親重複地念著，他安靜地聽著。

有幾次，他實在太餓了，忍不住吃了幾口飯，母親似笑非笑地嘆氣：「唉，孩子就是孩子，聽了這種事情，竟然還吃得下飯。」

聽到這些話，他覺得自己好像做錯了事，惹得母親不開心，於是後來即使飢腸轆轆，也努力克制住想夾菜的手，但母親卻又搖頭道：「唉，男人真是難侍奉，家裡什麼都有，卻只想往外跑；別人吃不起的高檔料理，有人卻連夾都不想夾。」

承志聽不懂其中的隱喻，只是愈來愈困惑，覺得自己怎麼做好像都無法讓母親開心。母親很少吃飯，只是喝酒，然後對他說：「還好有你陪在我身邊，自己生的果然才是最聽話的。小志，你不會離開媽媽對不對？」

這問句對承志來說不難懂，他用力點頭。

漸漸地，他好像有些了解「應該」怎麼表現。

他學會了放學後立刻回到母親身邊、耐著飢餓聽母親抱怨，懂得適時跟著罵那個「負心的男人」幾句、努力吃光那些母親夾到他碗裡的美食……

那一刻，他很開心自己終於學會當一個母親眼中孝順的孩子……

他成了母親眼中忠誠的孝子，付出的代價則是消滅「自我」

承志從小就學會放棄自己的需求，以母親為生活的中心。帶著這樣的信念成長，他或許對成年男性抱有某種敵意，對自己的需求嗤之以鼻，也可能將母親永遠擺在自己的親密關係之前，由母親來決定自己的大小事，拒絕離家到異地工作與生活……而這些，都將成為男孩成長與獨立的牽絆。

他或許會討厭這樣的生活，覺得自己總是活在某種無形的牢籠裡；對於那些擁有自己主見，能夠去世界各地度假與工作廣見世面的朋友們，他既譴責他們怎麼可以不顧父母的感受，但又羨慕他們身上擁有自己所沒有的「自由」。

至於對母親，他的感覺真是錯綜複雜：有陪伴母親的責任、對母親的愛，但又好像有些怨恨、有些責怪，卻又覺得自己不應該對母親有這些負向的感受……每當理不清頭緒時，他就更討厭內在如此模糊不清的自己……

然而，這些負面的影響因為沒有在身體留下具體的傷痕，也沒能證明有影響孩子的生活作息，所以不太會被注意。

也因為這些傷經常是來自於家庭內的親子互動，本著「清官難斷家務事」、「家家有本難念的經」的傳統態度，大部分的人即使看不慣某些家長對待孩子的方式，卻不太會出言相勸或者介入協助。

很多人認為去「檢討」父母教養孩子的方式，是一種「不孝至極」的行為：

- **「父母這麼辛苦養家活口，將我們拉拔長大，我們怎麼可以回過頭去指責他們？」**

- 「或許在成長過程中的確有些不愉快，但那也是因為我自己不夠懂事，或者是我太脆弱了。」
- 「即使他們真的做了什麼不適當的行為，肯定也是為了我們好。」
- 「如果沒有父母，孩子根本不可能來到這世界。」

這些話簡短有力地反駁了我們對於父母在教養過程當中的質疑：「感恩都來不及了，怎麼還可以對父母過往對待我們的方式加以『清算』？」

因此，對於生活在崇尚孝道的東方文化底下的你而言，閱讀這本書，重新檢視父母對你的教養過程，內在或許會經常感到矛盾、衝突。即使是我自己在演講或工作坊的場合談這個話題，也經常會引來成員們的抗拒與質疑。

或許正是這樣的文化氛圍，那些因為親子衝突、師生衝突被「移送」到學務處或輔導處的孩子，經常被貼上了一張「不受教」的標籤。因為，大人總是辛苦的、大人是成熟而穩定的、大人知道什麼對孩子才是最好的，之所以會發生衝突，肯定是這個孩子本身不懂事、不受教、不懂得感恩。

總而言之，就是「天下無不是的父母」。

如果大人們真的這麼認為，那麼當我邀請大人回顧童年經驗時，應該會有許多美好的回憶，例如：即使家境辛苦，但一家人卻充滿幸福的互動；即使父母嚴厲，卻從未讓他們受過委屈的溫馨內容。但實際上，他們的回應卻又不是如此。

我在與成人進行諮商的經驗中發現，他們對於「探索童年經驗」總是嗤之以鼻，他們經常表示：「年代久遠，想不起來了啦。」「想這些要幹嘛？想了也無效。」「生活已經夠忙了，哪來美國時間去想那些不重要的事？」彷彿童年經驗對他們早已事過境遷、毫無意義，即使他們偶爾好不容易能觸及一些早年記憶零碎的片段，也總是用一種乏善可陳的語氣說著。

之所以如此，當然不是沒有原因的。

對於童年所受的傷，有三個原因讓人們在成長過程中有意識或無意識地選擇否定這些經驗。

原因一：**避免再次勾起童年不舒服的情緒經驗**。

小時候經歷過的痛苦事件，例如半夜被罰站在寒冷的門外、在大庭廣眾下被父母拿來跟其他孩子做比較、被藤條抽打完後還被命令袒露著傷痕到便利商店買東西……那種恐懼害怕、羞愧丟臉、驚慌失措的感受，即使現在能夠回想起來，不但無濟於事，還可能令自己再次感到不舒服，甚至責備自己當時的無能與脆弱。

原因二：避免面對一個難以接受的事實：**原來我以為最愛我的父母，他們對待我的方式曾經對我造成傷害，而那樣的影響甚至延續至今**。

父母，毫無疑問地是我們在這世界上最重要的至親，我們期待著來自他們的關愛、安撫，以及認同。我們也將父母作為成長過程中最重要的、最安全的堡壘，是父母穩定的存在，讓我們相信自己在這個世界並不孤單，也不至於暴露在危險的情境下。

一旦我們覺察到父母的某些行為其實是為了滿足他們自己的私欲，或者因為一時大意，甚至是為了宣洩個人的情緒，而對孩子做出有害的行為時，對孩子而言，當然是相當難以接受的事實。

原因三，同時也是前述提及的文化因素：**基於對父母的孝順與忠誠，我們不應該，也不允許自己對父母的所作所為有所質疑**。

因此，為了避免不舒服的情緒與避免認知失衡，我們透過各種心理防衛機制，例如：**壓抑**（這沒什麼，過了就算了）；**否認**（不會啦，一定是我記錯了，爸媽才不會對我說這些話）；**合理化**（就算爸媽說出這些難聽的話，一定也都是為了我好）來看待這些傷害我們的語言或行為。

四、為何要檢視早年的傷口？

記得在我小時候，那個對於藥品廣告還沒有嚴格管制的年代，電視上經常會廣告幾款具備神奇效果的萬用藥粉或軟膏，不管是燒燙傷、刀傷或擦傷，彷彿手指一挖、輕輕一擦，傷口就會迅速復原。

後來聽大人們說起這些藥膏的效果，輕傷還行，若是嚴重一點的傷口擦了這類藥膏，往往表皮看似癒合結痂，實際上內部卻持續化膿、潰爛，結果延誤了就醫的時機。

愛麗絲．米勒（Alice Miller, 1923-2010）在其所撰寫的《幸福童年的祕密》一書中強調，擁有幸福的童年是大多數人的渴望，因此即使在成長的過程中因為父母的疏忽、語言、攻擊而受了傷，卻寧可告訴自己那些都不是真實的，或者說服自己是自己記錯了，藉此來維持內心深處所期待的幸福童年的幻覺。

唯有維持這份幻覺，才能讓自己彷彿真的擁有內在最渴望的，來自父母最純潔無私、真摯深刻的愛。因此，為了努力不讓這份幻覺破滅，也因為愛著自己的父母，這些孩子甚至拒絕別人的協助，抗拒學校老師過多的探問，敵視那些對爸媽出言相勸的鄰居……即使他們自己在親子互動中經常感到失落、遍體鱗傷。

大多數成年孩子對於過往的事情，總是用一句「不要想太多」就草草帶過，但這種輕忽情緒與感受的態度，就像是電視廣告那些療效令人堪憂的藥膏，或許讓人表面上看起來不再表露出某些情緒，但心裡的傷卻持續被忽略、被壓抑。

沒有被我們正視的創傷經驗，並不會因而消失無蹤，相反地，那些我們在成長過程中被忽略的需求、被壓抑的情緒、沒有被理解的委屈，都可能持續累積成一股強大的能量，當我們長大成人、擁有更多的行動力之後，採取各種方式來宣洩內在的不舒服，或者轉化成疾病的形式，造成身體或精神方面的傷害。

然而，重新去檢視我們在成長過程中所經歷的痛苦經驗、曾經遭受的傷害，並不是為了列出一張驗傷單，然後向父母高喊：「看吧！你們對我做了多少過分的事情！」「我現在之所以過得這麼糟，都是你們害的，你們造成的！」相反地，**重新去回顧自己的童年經驗，是為了幫助我們對於「如何成為現在的樣子？」「是什麼建構出我們的行為模式？」「是什麼總是隱隱地影響著我們的情緒？」「是什麼影響著我們看待自己的眼光？」**等問題有更多的認識。

因此有三個重要的理由，值得我們重新檢視童年所受的傷害：

1 **有機會為自己療傷：**

要去覺察、去整理「父母對我們造成的某些傷害」雖然痛苦，但也是幫助自己突破盲點，探見自我更真實樣貌的重要行動。

父母說不出口的肯定，不代表我們不值得擁有，而父母經常施加在我們身上的批評，也不代

表我們真的就是那個樣子。唯有如此，我們才能將自己與父母所講的話清楚劃分開來，練習用不同的眼光來看待自己，用不同於以前被大人傷害的方式來重新愛自己，找回自己的價值感。

2 **保護自己，避免再被傷害：**

要知道，即使小時候的我們無力抵抗，現在的我們，也無法改變父母對待我們的方式，但長大以後的我們跟孩提時期已經不一樣了。雖然還是會在意父母的感受，還是期待得到父母的認同，但我們已經擁有獨立思考的能力，也必須承擔起獨立生活的責任。

當我們覺察到以前父母對待我們的方式可能對我們造成傷害時，我們可以找尋不同的因應之道，或許是改變回話的方式，或許是拉遠彼此的距離，或者是減少碰面的頻率。**這些改變的初期都可能會引發衝突（因為父母不習慣你的改變）**，但唯有如此，才可能避免在關係中持續受傷。

3 **避免用相同的方式懲罰自己、傷害他人：**

成長的過程中，那些來自於父母對我們說出的指責、負向評價，會形成我們對自己的認識，並且建構出一套「錯誤的設定」，進而讓我們用負向而偏頗的視框來看待自己，也影響我們與他人互動的方式。

當我們能夠正視並接受父母因為種種原因所講出來的這些話，的確帶著相當程度的傷害性時，我們才能開始與這些語言劃清界線，避免將這些話用來作為自己處世的價值與行為的圭臬。

唯有如此，我們才能停止在成年之後，繼續用爸媽所講過的話來責備自己、綑綁自己，甚至傷害我們周圍的人、我們的下一代。

我相信，這趟回顧童年與父母互動的旅程肯定是艱難的。對某些不常回顧自己生命經驗的人而言或許很陌生，也很不容易，而對某些看完前面的內容就已經對自己童年創傷有所連結、產生共鳴的人，更是需要相當的勇氣。

然而，**請你記得一件事：無論如何，我們已經長大了，不再是以前那個嗷嗷待哺，只能透過父母的餵養與保護才能生存、手無縛雞之力的小小孩。那些曾經的傷痛或許令人難受，但我們也將在回顧的旅程中，覺察自己已經長大成人、擁有保護自己的力量。**

給自己一個機會，讓我們陪伴自己開啟一段跨時空之旅，看看童年時期的某些片段、某些語言帶給我們什麼樣的傷害，並且至今仍深深地影響著自己。

在這本書裡，你將會看到我秉持以下這些態度，作為討論「父母帶給孩子的傷害」，以及「鼓勵孩子勇於嘗試改變」這兩件事情的重要基礎：

※孩子是一個活生生的人，而不是父母用來滿足自己過去未被滿足的期待的工具；即使孩子具備卓越的情緒同理能力，也沒有責任及義務作為療癒父母過往創傷經驗的工具。

※每一個孩子都有被父母肯定與認同的需求與渴望，而這些需求是在孩子建立自我價值時非常重要的養分。

※孩子為了得到父母的肯定與認同，願意竭盡所能地努力。許多孩子在感受到無論如何都無法得到父母的認同時，可能會轉而透過偏差行為來獲得同儕的注意與肯定。

※孩子期待與父母保持著安全而穩定的連結。亦即不管自己做得好不好，父母都願意愛自己，陪著自己去面對眼前的困難。而父母在孩子童年時期的陪伴，在成長的過程中將會慢慢地內化成孩子的安全感，以及與他人建立親密關係時的依據。

※父母養育孩子的努力與關愛是無法被否定的，但那不代表他們所說過的某些話、所做的某些事，不會對孩子造成傷害。

※在愛與傷害之間，往往沒有一條明確的界線。許多我們難以覺察到的傷害，經常潛藏在以愛之名的語言或行為當中。

※**探尋童年的創傷經驗不是為了報復父母，而是為了療癒自我**，讓自己擁有更健康的生活與人際關係。

第二章 被剝奪自信的孩子

第二章、被剝奪自信的孩子

父母就像我的照妖鏡，從他們眼裡，我總是只能看見自己最醜陋的那一面。

- 「你之所以能有現在的成就，只是因為運氣好。」
- 「別因為表現得不錯就得意，你隨時會被淘汰。」
- 「拜託！別人對你的稱讚，都只是客套話而已。」
- 「你若真的相信別人的讚美，那你也太天真了。」
- 「你怎麼這麼笨？連這麼簡單的事情也做不好。」
- 「你們這些孩子，總讓我們做父母的放不下心。」

在孩子的世界裡，最可怕的事情莫過於感受到被自己的父母遺棄。

這裡所指的遺棄，未必是社會新聞裡那種被父母棄養、趕出家門的狀況，而是指孩子心裡主觀感受到若表現得不如父母所期待，就不被父母喜歡、不被肯定、不受關注的感受。

例如，有時候明明在同一個空間裡，父母會刻意和其他人熱切交談，轉過身，卻用冷淡的態度面對這個孩子。彷彿他並不存在這個空間，或者沒有被理會的資格。

孩子在這種情境下很容易感受到被遺棄的恐懼，因而努力地想做些什麼、說些什麼來獲得父母的關注。然而，**讓孩子感受到這種焦慮，正好是父母想要的結果——因為你不乖、不聽我們的話，所以你要被懲罰**。

這種懲罰帶給了孩子幾近窒息的恐懼，我不確定孩子是否因此學到適當的行為表現，但這種經驗卻可能讓孩子深刻地感受到：「我是壞孩子，我不好，所以父母不理我。」

這類孩子心裡面最常出現的困惑就是：「我真的是你們親生的嗎？為什麼你們這麼不喜歡我？」

一、總是被拿來跟別人做比較

每次在演講中，我都會開玩笑說東方的父母有一項共同專長，就是「稱讚鄰居家的孩子」。

家長們聽了通常會發出一陣笑聲，隨即便沉默下來。

一開始的笑聲往往是因為自己小時候也有過類似的經驗，不管自己多麼努力，父母好像總是覺得別人家的某某某比較優秀；而接下來的沉默，則是因為發現自己在為人父母之後，好像也開始拿自己的孩子去跟別人做比較。

相信很多人都有類似的經驗：小時候被父母拿來跟班上的同學或鄰居家的孩子比課業、比身高、比做家事；長大以後，比大學校名、比研究所科系；出了社會之後，又開始比工作類型、收入、另一半的背景、生了幾個孩子。

你曾經以為長大後就能脫離這種被比較的命運，但父母或長輩們卻總能找到各式各樣的項目，繼續拿你去跟別人做比較。雖然在這種比較的過程中，你覺得很不舒服，但是被比較久了，就像是溫水煮青蛙，有時候我們也不自覺地將自己或家人拿來跟別人做比較。

如果你問這些父母為什麼要拿孩子（甚至是拿自己的伴侶）跟別人比較？說法不外乎：

- **有比較才會有進步。**
- **跟好的人比，才會向他看齊。**
- **如果自己表現好，幹嘛害怕跟別人比較？**

痛苦的「雙重束縛」

大部分的大人拿自己的孩子來跟別人做比較，都是要告訴孩子：「你看，別人都做得到，為什麼你就不行？」

但是，透過「比較」真的可以讓一個人充滿行動的力量嗎？請你回想自己曾經被拿來跟別人做比較的經驗，你究竟是能真心欣賞他人的優點，想向他看齊？或者感覺到自己不如人，並且因為這種被看不起的感覺而感到受傷、憤怒？

父母經常會說，他們這麼做都是為了「督促你進步」，甚至還暗示著「如果你不願意接受被拿來跟別人做比較，那就代表你自己不夠好」，而你是否也發現了：每次聽了這些話，總覺得好像有些道理，卻又感到不舒服？

到底是為什麼呢？

因為，你在這些話裡同時收到了兩個相互矛盾的訊息。

也就是，一旦你接受了被父母拿來做比較，就代表你的確可以任人擺布，也同意他們恣意地拿你來與別人做比較；倘若你不同意父母的行為，那你就變成他們口中那個「一定是因為表現不好才害怕跟別人做比較」的孩子。

在這種雙重束縛下，你怎麼選擇都不是，怎麼做都像是被懲罰。

經常被這種訊息夾擊，你的心情又怎麼會好呢？

除此之外，「比較」令人不舒服的原因還包括，當父母拿你去跟別人做比較的時候，你接受到的訊息是：**你這個人本身是沒有價值的，你只能夠透過跟別人放在一起做比較，才能得到相對的價值感**。因此，如果沒有跟別人做比較，你根本什麼都不是。

在另一種情境裡（或者說一體兩面），大人也經常會拿孩子來做比較，比誰的孩子比較「厲害」、比較「優秀」。

舉凡每一年的除夕夜家族圍爐、清明節掃墓，或者親朋好友帶著孩子一起聚餐的時候，大人們最喜歡做的事情之一，就是把孩子們吆喝到面前，一聲令下，要孩子們比比看誰吃的飯比較多、誰的身高比較高、誰的期末考分數比較高、誰當過班長比較多次。

年紀還小的幼童一聽到這些話，總是拚了命比賽誰先吃光碗裡的飯菜，踮著腳尖與對方比身高，努力搬出自己的各種豐功偉業，看著這番畫面，父母或許也樂得在一旁欣賞。

孩子只有扮演輸家的分

然而，對於開始進入青春期的孩子，很可能會感到困窘、臭臉不回應，或者要父母停止這種比較的遊戲。想當然耳，這種不配合的態度，回家以後很可能又會惹來一頓罵。

為什麼青少年不願意配合演出？因為他們逐漸能夠感受到，自己在這場遊戲裡只有扮演輸家的分。

如果比輸了，等於在眾人面前赤裸裸地呈現出自己不足之處，不僅尷尬，回家還可能會再度被數落；就算是比贏了，除了當下得到些許的掌聲之外，更可能會因而被他人討厭：「每次帶著孩子來家裡，不是比分數、不然就是比誰獎狀比較多張，煩死了。」「每次來我家都害我被罵，很厲害，是吧？明天上學一定要找人去揍他！」而親手將這些孩子推上擂台，展開競爭與撕裂關係的，正是他們的父母。

如果大人以為這種「誰比較厲害」的比較會讓孩子感受到價值感，那真是個大誤解。**孩子在種種比較當中或許可以得到一些鼓舞，但那卻是空泛而不實際的正向感受。**一旦你問他：「如果不跟這些朋友比，那你覺得自己如何？」他很可能會啞口無言。

父母不該拿孩子去跟別人比較

「照你這麼說，不就都不能拿孩子去跟別人比較？」有些父母質疑。

是的，我正是這麼認為的。

我認為人本來就不應該透過跟別人比較，才能展現出自己的價值，而且**人在被比較的過程中，往往受傷大過於得益**。

我之所以一直反對把人拿來做比較，因為我從小就很清楚這種比較對孩子造成的傷害。

從小，我的課業成績就還不錯，因此同學的父母經常把我當作孩子學習的榜樣。很多同學想出去玩，只要說是「跟胡展誥出去玩」，父母通常都會答應。每一次月考結束後發考卷，爸媽也經常把我的成績拿來督促姊姊。

剛開始被比較的時候，我的確覺得很開心，因為我總是「比較優秀」的那一方。為了得到更多的讚美，我就更努力地念書。看起來像是一種正向的循環，但真的是這樣嗎？

很多人都以為身為勝利組常勝軍的我一定很開心，但慢慢地，我發現同學變得不喜歡跟我靠近，因為只要與我有關的話題總圍繞著課業成績、成熟懂事，然後他們就等著被自己的父母數落。

人外有人，天外有天。慢慢地，我也開始成為被父母拿來跟別人比較，且總是比輸的那一個。

為了要重新奪回父母對我的讚美，我拚了命努力念書，努力表現出父母期待的樣子，可是人的能力是有限的，即使再怎麼努力，也不可能每件事情都達到別人的期待。於是，我也漸漸被淹沒在各種「不如人」的挫折裡。

一個人的價值不需要透過與外界比較，才能擁有

習慣從比較當中得到鼓勵，並依此建立自信心的孩子，注定過著相當辛苦的人生。

為了獲得他人的鼓勵來建立自己的價值感，必須費盡心力滿足他人的期待，達到他人設下的標準，不管這些期待或標準是不是真的符合自己的需求，是不是能夠讓自己過著真正想要的生活。

因為渴望得到別人的讚美，他們特別難以拒絕別人的要求，寧可壓抑自己的想法與需求，死心塌地地想著：「如果可以讓他們滿意，就代表我是成功的、是有能力的。」

至於自己到底想要什麼，自己的需求是什麼，自己想要過什麼樣的生活，這一切都不重要了。因為堅持自己的想法不但無法獲得大人的讚美，還可能被責罵。

但是，萬一他們努力之後，別人卻沒有給出他們所渴望的讚美時，那會怎麼樣呢？

1他們將會相當失望，不斷地反省與自責是不是哪裡做錯了，哪裡做得還不夠好，為什麼沒有得到預期中的讚美，可是他們卻沒有想過其實別人給予鼓勵與否，與自己表現得好不好根本沒有直接的關聯。

2當別人沒有讚美他們時，他們很可能會認為別人之所以沒有看見自己的努力，有可能是故意要找自己麻煩，或者故意忽視自己，擺明了是對自己有成見。所以，**「努力卻沒有被看見」的委屈與挫折將會轉化成滿載怒氣的炸彈，擲向身邊的人。**

前述的兩種狀況，其實都是把評價自己的權力全盤交到他人手上，由他人來為自己打分數、評定自己到底做得好不好、表現得如何。

一旦我們習慣了依賴他人的鼓勵來灌溉我們的自信，根本就不可能從自己的內在長出價值感。

請記得：一個人的價值，是不需要透過跟外界比較，才能擁有的。

你之所以有價值，是因為你在這個世界上找不到與你相同的第二個人，你有屬於自己喜歡的穿搭、喜歡吃的食物、害怕的東西、擅長的事物、不喜歡的情境……而這所有一切複雜而獨特的組合，都足以證明你是如此獨一無二的個體。

二、表現得不夠好，就不被愛

對許多人而言，新生兒的到來是歡天喜地的好消息，但志豪當了半年的新手父親，卻經常食不下嚥、夜不成眠。

當同事們知道他成為新手父親，紛紛給予祝福與道賀，分享各種嬰幼兒的相關資訊、兒童用品的網頁給他，但他卻總是苦笑以對，沒有太多的回應，這也讓同事們滿心困惑，甚至覺得他好像是一個不太適任的父親。

「發生了什麼事？」我問。

志豪嘆了口氣，娓娓道來。

兩、三年前，志豪在父親生日那一天，偕同新婚的妻子帶父母到好不容易才訂到的餐廳，為父親慶生。

在愉快的氣氛下，父親突然問他們什麼時候要生孩子，此話一出，立刻像是將一顆點燃引信的未爆彈扔到志豪的手上。

志豪雖早有預感父親會問這問題，但卻還是緊張地表達他們夫妻並沒有生孩子的計畫。

「為什麼？」父親皺了眉頭。

「因……因為經濟還不穩定，還有——」志豪一陣胸悶窒息。

「有窮到沒辦法生孩子嗎？」還不待志豪說完，父親放下手中的筷子，音量明顯大聲許多。

志豪感覺到面紅耳赤，不知道該如何接話。

從小到大，他太清楚這種對話接下來會如何發展了。

無論他怎麼委婉說明理由，只要答案不符合父親的期待，惹來一頓嘲諷或責罵是免不了的。一旁不只有新婚的太太，還有高朋滿座的客人，光想到要在這樣的情境下被父親大聲斥責，就覺得很丟臉。

出乎意料，父親什麼也沒說，但臉上的表情愈來愈凝重。沉默半晌後，父親起身離席。

志豪以為他要去洗手間，沒想到一會兒後，卻瞥見落地窗外的停車場，父親關上車門、發動汽車就要離去。

志豪趕緊衝出去，挨在車窗邊試圖解釋、安撫父親的情緒，但父親卻完全不願意將車窗搖下，任憑志豪在車後方追著跑，最後揚長而去。

透過餐廳大片的落地窗，幾乎整個餐廳的客人都看著這一幕上演。

「那當下你應該很難堪吧……」我回應。

「其實已經不只一次了……」志豪露出無奈的苦笑。

之前，他曾借父親的車子去參加面試，在下大雨的高速公路上打滑追撞前車。報警之後，他在驚慌之餘打電話告知父親此事，一方面覺得抱歉，一方面也想說父親可能會提醒他一些注意事項。

沒想到，電話那頭的父親才聽到「車子發生擦撞」，立刻大罵：「好好好，你給恁爸試試看！」旋即掛掉電話，留下在高速公路上錯愕的他。

還有一次在餐桌上，他向父親請教買房子的問題，嘗試增加彼此的話題。

結果父親白了他一眼：「你才工作多久？你有錢嗎？沒那個屁股就不要吃那個瀉藥。」（台語：「不自量力」的意思）說完後，捧著碗筷就離開了餐桌。

「那種感覺就很像……」志豪想了許久，似乎想不到確切的形容詞。

「被自己的爸爸遺棄？」我試著同理。

「對！就是這種感覺。」志豪說：「好像只要沒有讓他滿意，或者沒有符合他的期待，他就不給我好臉色。

「我會不會被其他人看笑話、會不會難過，甚至出了車禍，到底人有沒有受傷，這些好像都不重要，重要的只有事情能不能讓他滿意。」

「後來呢？」我問。

「後來，我們還是有了小孩……」志豪的語氣滿是愧疚：「為了不讓他們失望、為了要生這個孩子，我和太太幾次吵到差點離婚……」

「你知道嗎？有好幾個晚上，當我凝視著那張沉睡中天真善良，不管到哪邊都受到大家歡迎的臉孔時，我竟有股衝動想要動手掐住他、用力地掐他，如果不是因為他，我也不需要經歷這麼多痛苦。但是我又被自己這樣的想法嚇到，畢竟我是他的……」志豪的聲音哽咽了起來，呼吸也開始顫抖……

孩子出生後，父母對這個孫子疼愛有加，時不時就打電話要志豪週末帶著孫子回來給他們看看，有時也主動要他們把孫子留下來，說這樣可以幫忙碌的他們分攤一些照顧的工作。

「我就說嘛，結了婚就是要生孩子啊！趁年輕力壯時趕快生一生，你看，孩子白白胖胖的，好可愛啊。」「有去找老師幫忙算名字了嗎？……」

父母滿意地逗弄著懷裡的小寶寶，一邊露出「我們說得沒錯吧～」的表情對兒子與媳婦說。

志豪說，看著父母對這個孩子慈愛至極的眼神，他卻感覺到一陣茫然與憤怒。

之所以茫然，是因為打從他有記憶開始，似乎從未得到父母這樣關注的眼神；而令他憤怒的是，自己從小努力念書、聽話、找到好工作，都無法得到父母的肯定，但這個剛來到這世界的嬰兒輕而易舉就獲得他夢寐以求，卻總是遙不可及的慈愛。

想到這裡，除了痛苦之外，旋即又是一陣自責，責怪自己竟然跟尚在襁褓裡的孩子向父母爭著討愛……

「我承認，或許我做得還不夠好。但是，可不可以不要這樣掉頭就走，可不可以不要說那些難聽話……」

看著一個三十幾歲的男人有些難以啟齒地說出這些話，我感知到，這是他內在最脆弱、最期待被父母理解，卻也害怕被拒絕的部分。

當孩子逼迫自己成為父母心目中期待的樣子

個人中心學派的創始者卡爾・羅傑斯（Carl Rogers）認為，心理治療之所以能夠發揮作用，其中最重要的條件就是「無條件的接納」（unconditional acceptance）。

一個人之所以被愛，不是因為他表現得怎麼樣，而是因為他是一個值得被愛、被尊重的人。

的確，偏差的行為需要被矯正、錯誤的價值觀需要被調整、笨拙的行為需要被訓練，但**這些**

行為都只是「人」的一部分，而非代表這整個「人」。

父母若能如其所是的接納孩子最真實的樣子，孩子就能夠放心地發展自己的想法與情緒，用自己原本的樣貌與能力自在地過生活，做他適合做的事情，而不需要處處勉強自己、壓抑自己，逼迫自己成為父母心目中期待的樣子。

我常碰到父母來求助心理諮商的目的，是為了讓孩子變得更會讀書、更懂事、更安靜、更活潑、更懂得與人談話……他們總覺得孩子身上有滿滿的問題，需要被處理才能脫胎換骨，變成他們「該有的樣子」。

然而，**每一個人與生俱來都有自己獨特的樣貌。他們需要的，不是被調整成父母眼中「該有的樣子」，而是被父母接納自己「原本的樣子」**。

許多孩子從小就深愛著自己父母，這一份愛無關乎父母提供什麼樣的居住環境、擁有多少年收入、穿著與長相、職業而有改變，雖然某些孩子可能因為家庭背景而在人際關係中感到困窘，但他們卻總是選擇用各種方式來美化自己的家庭。

之所以這麼做，一方面是不希望自己被嘲笑，另一方面卻是因著對父母的愛，期待為他們在大家面前保有好的形象。

但父母對孩子卻經常抱持著許多條件設定，彷彿一旦沒能達到他們的期待，這些孩子就是失敗者、不知感恩、不知好歹的。許多孩子從父母充滿失落與批判的眼神中，逐漸形塑出內在自卑與不堪的形象。這些孩子或許因為長期累積的挫折而決定放棄努力，或者用不被社會所接納的偏差行為來獲取成就感。

在傷心的背後，蘊藏著累積的挫折與憤怒

讓我們再把話題回到志豪身上。

從念書到工作、從工作穩定到建立家庭，志豪不斷地努力，就是希望可以讓從小就一直對他表達失望與要求的父母可以安心，也改變自己在父母眼中那副困窘無能的樣子。但這些努力不但沒有獲得父母的認同，現在這個自己不甘願而生下來的小生命，竟然不費吹灰之力就得到父母所有關注的眼神。

「那我到底算什麼？」在傷心的背後，蘊藏著累積已久的挫折與憤怒。

無論自己多麼努力，似乎都不及為父母生一個孫子，滿足他們的期待來得重要。而且，就算生了孩子，他在爸媽眼中也只是一個沒有價值的工具；而他又怎麼能夠忍受未來父母在他的孩子面前持續批評、嘲諷他呢？被父親看不起難道還不夠，還要被自己的孩子看笑話嗎？

從傳統文化價值來看，這個不想成為爸爸的男人，或許在父母眼中是個「年紀到了，卻不

願意承擔責任」、「生了孩子，卻學不會當一個成熟父親」的男人，但在志豪的心底，**真正住著的，其實是一個從小到大不斷地努力付出，卻總是得不到父母一句肯定、缺乏被認同的小男孩。**

三、滿滿的批評與貶低

對於幼小的孩子而言，他們早年自我價值的來源，幾乎是建立在父母對他們的回應上。父母所回應的內容、表情、語氣，是孩子用來判斷自己表現優劣對錯的重要依據。

當你拿著九十分的考卷回家，光是父母臉上堆滿的笑容、跟鄰居分享時提高的音量，你就知道拿到好分數可以讓父母開心；當你攤開聯絡簿，上面密密麻麻用紅筆記錄著你在學校捅的婁子，看著父母緊皺的眉頭、憤怒的語氣，除了擔心被處罰，你也可以知道父母因為自己的表現而生氣與不滿。

已經身為成人，正在閱讀這本書的你或許很快就能辨別：**父母對一件事情的看法，其實只能反映他們自己的價值觀，而非普世價值，也不適用於每一個人。**但對於幼童而言，父母的想法、期待與回應，幾乎代表著他們小小世界中的真理。

父母開心，孩子就覺得自己表現得不錯，類似的行為可以多多益善；當父母生氣，孩子也會警告自己同樣的行為盡量少做為妙。所以，當父母認同他們時，孩子感受到父母喜歡自己，因此他們也會跟著喜歡這樣的自己；相對地，當父母因為孩子的表現表達出嫌惡或否定的態度時，孩子也可能因而對自己產生負面的感受。

尖銳、刻薄的語言，傷害著孩子的心

有好幾次，我演講結束還沒離開會場，有些父母會帶著孩子到台前來問我教養的問題。我通常會先評估問題的性質，如果有關孩子的問題行為或缺陷，我通常會示意父母先暫停一下，然後邀請孩子先到外面玩耍或等候，用意是避免孩子在旁邊聽了感到受傷或難堪，甚至破壞了親子之間的關係。

但即便我已經明示、暗示這麼做的目的，卻經常聽到父母不在意地回應：「沒關係啦，他早就聽習慣了。」「表現不好，就不要怕被人家嫌啊。」說完，還瞪了愣在一旁的孩子一眼。

這些大人在說出尖銳，甚至幾近刻薄的語言時，絲毫沒有意識到自己正在別人面前批評或貶低孩子。他們似乎鮮少設身處地去思考，或者難以想像孩子處在這樣的狀況下，心裡會有多麼難

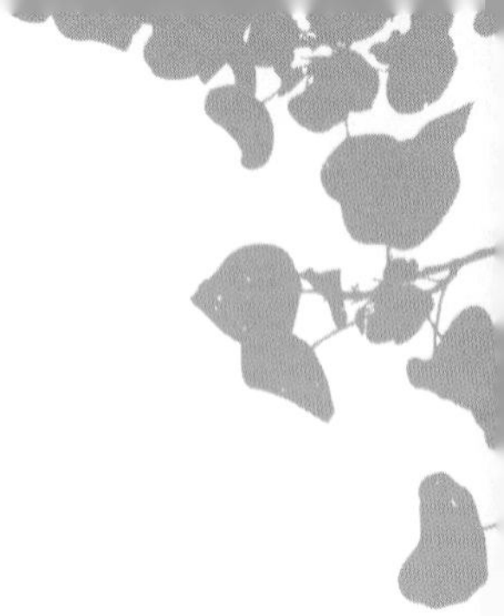

一個認為自己是有價值的人，才會喜歡自己；

一個喜歡自己的人，會認為自己是值得被尊重的；

而一個認為自己需要被尊重的人，當然也不允許別人來傷害自己。

受。

聽到這些批評，有些孩子擺出無所謂的姿態，有些則是尷尬地看向其他地方。對那些表現出一臉不在乎的孩子，父母可能會說：「你看，他就一副無關緊要的態度，我能不生氣嗎？」而對於那些看向其他地方，明顯感到尷尬的孩子，父母則可能在傷口上灑鹽：「還知道要丟臉哦？知道丟臉，幹嘛不乖乖聽話就好？」

看到這樣的互動模式，我常在心裡困惑著：如果我是這個孩子，到底要怎麼反應，才不會讓自己太難堪呢？

幼婷從小就是一個乖順聽話的女孩，從念小學開始，她就幫終日忙於工作的父母照顧比自己小五歲的弟弟，放學後總是乖乖地回到家裡幫忙打掃、準備家人的晚餐，偶爾假日跟同學出去逛街，也得帶著愛哭鬧的弟弟同行。

她從來不與大人頂嘴、不爭辯。唯一一次讓父母生氣的是高中時期，班導打電話到家裡說，幼婷這學期跟班上某個男生似乎很要好，而且很不巧地，這個男生是老師眼中的頭痛人物。

父親掛掉電話後，抽出腰間的皮帶，將她推進房間狠狠打了一頓。

母親坐在一旁的床沿，搖頭嘆道：「才幾歲就學人家談戀愛？功課很好嗎？會賺錢了嗎？傳出去真是丟臉。那種男生有什麼值得喜歡？要喜歡，也不會喜歡功課好一點、品行好一點的？」

「打一打，看能不能讓妳清醒一點。」

幼婷除了掉眼淚，什麼都沒解釋。

往後很長一段時間裡，她不再傳出任何交男朋友的訊息，專心念書、努力幫忙家裡工作。

時光飛逝。大學畢業後，幼婷在一間銀行擔任業務員，每逢假日還是回家幫忙工作。不知從什麼時刻開始，父母突然對於幼婷始終沒有對象感到憂心忡忡，因此開始積極安排各種相親的機會。

他們有時候說是要去親戚家作客，有時說要到外面用餐，有時說是要拜訪客戶，總之父母會找各種理由要幼婷一起出席，而每次都會有不同的男生突然出現，這讓本來就內向的她非常焦慮，不知該怎麼反應，只能乾愣在一旁。

每次相親結束後，父母第一時間一定先數落：「都是要當媽媽的年紀了，連話都不會講是怎樣？」然後就開始問幼婷要不要試著跟對方交往看看。

說是「問」，其實父母的口氣比較像是要求她試著與對方交往，但偏偏幼婷的反應都是「再看看」。

父母急了，氣得大罵：「妳以為自己條件很好嗎？選個對象挑剔成這樣！」「人家男方願意跟妳交往就不錯了，妳到底在挑什麼？」「人家家裡經濟不錯，這才是最重要的，妳腦袋怎麼這麼差？都幾歲了，還這麼不會想。」

類似的語言，幼婷幾乎每週回家都得聽上好幾遍，即使她已經習慣不回嘴，但那些銳利的語言，卻總是一刀一刀劃傷她脆弱的心。

「雖然假日要回家幫忙工作，沒有自己休息的時間，但這樣至少父母不會太辛苦。可是我最痛苦的是，每次回去就得聽他們講這些話，或者莫名其妙要跟不同的男人見面……

「我知道他們都是為我好，可是這些安排讓我很痛苦；聽到他們嘆氣、說出那些話，都讓我好受傷……」

「妳曾經試著向父母說出自己的感受嗎？」我問。

幼婷嘆了好大一口氣：「我當然反映過，結果他們氣得大罵：『妳真是不知好歹，父母關心妳，妳竟然說我們讓妳難過、害妳受傷?!』

「關於相親這件事，我也表達過這樣的安排讓我覺得很累，沒想到母親掉著眼淚說：『我也不知道到底是妳累，還是我累……算了，我再也不要為了你們這些年輕人的事情耗盡心力，活到這一把年紀，還不懂得讓我們放心，真的不知道書都念到哪裡去……』聽到父母為了我的事情又費心又難過，雖然他們的方式，我不喜歡，但卻又覺得這樣的自己好糟糕、很不孝……

「我真的覺得自己是一個很沒有價值的人，只能用來被別人配對，好像我沒有為自己做選擇的權利，不能有自己的喜好。我經常羨慕我那些朋友，他們好像都知道自己要什麼，都可以堅持自己想要的……」

帶著雙重傷害的貶低

對於長久以來遭受批評及貶低的孩子而言，他們無法從自己深愛與信任的父母身上得到正向的回饋、認同與肯定。

他們總感覺自己不如身邊的人，是庸俗愚笨、毫無價值的。有些長時間經歷父母以不堪語言對待的孩子，甚至會懷疑自己是被撿回來的，或者是父母在意料之外生下來的次級品。

如果邀請這些人舉出自己的優點，他們會講出許多關於自己不足的地方；當你問他們是如何達到目前的成就，他們很可能會不好意思地歸功於都是運氣好、都是別人給他們機會，或者表示這也沒有什麼值得拿來討論的（請注意，他們根本不認為自己現階段的狀態是一種成就，即使他們之中有些人的確成就非凡）。

乍看之下，你以為他們個性謙虛。實際上，那是因為他們根本無法認同自己，不認為自己有什麼價值可言。

這種充滿貶低的語言會對一個人造成比馬龍效應（Pygmalion Effect），也就是當他長時間被批評笨拙、沒有想法、缺乏能力，很可能會將這樣的語言放進自己的認知、相信自己的樣貌正如這些批評與嘲諷，然後漸漸地真的變成了這些人口中的樣子。

不幸的是，當他真的變成父母口中的樣子時，卻又會得到更多毫不留情的批評。這樣的孩子將會在日積月累的挫敗經驗中，長出「再怎麼努力，也是枉然」的信念，以及累積了滿滿的無助感。

他們對生命感到失望，不敢想像自己的未來會有什麼作為，他們將大部分的力氣用來羨慕別人的自由、忌妒別人的成就。但最辛苦的是，他們也會耗費許多力氣來憎恨自己。

而這種對未來感到無望、對自己感到失望與厭惡的情緒長時間累積下來，正是造成憂鬱情緒，甚至憂鬱症的重要原因之一。

四、被設下永無止境的目標

有些父母聽到我在課堂上提到「好，還要更好」這種要求，對孩子造成的傷害比好處還來得多的時候，總會不服氣地提出抗議。

因此，我經常會舉另一個例子來與他們分享。

淑娟從小最喜歡農曆春節了，除夕夜前，長時間在外地工作的哥哥、姊姊會回家，一同度過溫暖而開心的年夜飯。接下來幾天全家人會一起外出走走，享受難得的團聚。

但自從嫁到謝家之後，逢年過節卻成了她最大的夢魘。

她的先生是家族裡最小的兒子，與上頭的三位哥哥年紀相距甚遠，三位嫂嫂也都比淑娟年長許多。謝家的傳統是每年輪流由一個媳婦負責規劃清明節的掃墓，淑娟在嫁入謝家後，理所當然地也加入輪流規劃清明節掃墓活動的行列。

要知道，規劃一場動輒數十個家庭，合計超過兩百人的家族聚會像是大工程，包括時間的敲定、儀式的順序、移動的動線、儀式結束後的聚餐菜單，不僅要找到大多數人都同意的選項，還要安撫、撮合那些檯面上與檯面下的異議等等，是一件困難度極高的任務。

老天賞臉，淑娟第一次負責的家族掃墓還算順利。

整個儀式告一段落後，全家人依慣例坐在偌大的客廳裡，表面上看起來是聊天聚餐，實際上大家都心知肚明，真正的目的是，婆婆要在此刻開啟「檢討會議」，宣布活動流程的優缺點。

「小娟啊，今年的掃墓弄得是還可以，但是如果妳再用心一點，下一次應該還會有很大的進步空間，我是覺得妳應該要……」果不其然，婆婆一如往常地開啟檢討模式。

聽到還有「進步空間」這四個字，三位嫂嫂表面不動聲色，內心卻紛紛鬆了一口氣，嘴角止不住微微上揚。

累得半死的淑娟望著這一幕，卻只得愣在一旁，心裡的委屈與挫折化成淚水，止不住地在眼眶裡打轉。

自從她嫁到這個大家族開始，好像不管怎麼努力，婆婆總是會找到她做得還不夠好的地方，即使她已經盡力學習、繃緊神經避免出錯，婆婆頂多也只是說出「做得還可以，但還有進步空間」之類的評語……

「當妳們的婆婆說這些話的時候，妳們覺得她是在稱讚妳、鼓勵妳？還是不著痕跡地告訴大家，妳做得還不夠好？」我問現場的媽媽們。

有些人倒抽一口氣，有些人臉上的五官出現糾結扭曲，有些人紛紛開口為淑娟抱不平……這下子，我相信大家都能切身感受到「好，還要更好」、「還有進步空間」這兩句話帶來的壓力了。

這種「好，還要更好」的回應之所以令人倍感壓力，是因為個人不管怎麼努力，好像都無法達到終點，因而覺得疲累，累積滿滿的無望感。

對很多人而言，竭盡所能地努力並不痛苦，真正痛苦的是不管你如何努力，卻永遠不知道終點在哪裡。不清楚終點在哪裡，你就無法確定自己努力的方向是否正確，還要投入多少心力，何時可以休息，何時能有成果。

在這種情況下，如果你繼續努力，只會持續證明：

一、終點離自己確實遙遙無期，你停在原地，肯定無法到達終點，但你持續前進，終點卻像是長了飛毛腿似的，永遠跑在你前頭。

二、不管怎麼努力，你的能力永遠都是不夠的，你只能繼續進步，至於要進步多少才夠呢？大人只會告訴你：「不要想，繼續努力就對了。」

當你不斷地努力做一件事情，結果卻只是證明自己能力不夠，這對個人來講當然是充滿挫折的。**這種永遠不夠好、永遠還不夠努力的回應，很容易令人陷入深不見底的無望深淵。**

「肯定」是讓人進步的動力

我們經常認為一個人若是得到肯定，就會因為心滿意足而停下繼續向前的腳步。這其實是毫無邏輯的謬誤。

人之所以能夠產生前進的動力，最重要的原因，是他感知到自己有完成某些事情的能力，也知道自己的努力的確是有些成效的。

在這種狀況下，人會因為想要持續發揮自己的所能，想要因為得到成就感而繼續努力。因此，即使孩子的表現不佳，但是當他的努力、毅力、意圖被看見、被鼓勵時，他並不會因而放棄。

相反地，倘若孩子獲得了好表現，但周圍的大人卻不斷地告訴他：「這次表現得還行，下次要更努力才可以。」「表現好不代表可以鬆懈，要維持這種好成績哦。」他會感受到來自他人的期待，彷彿自己只有好的成績才是被允許的。

在這種壓力下，只要有些小聰明的人都會知道：「不如表現得差一點，一次進步一點點就好，這樣壓力才不會太大。」

五、錯誤的設定：我是不值得被愛的人

孩子天生渴求來自父母的愛，這種愛無須仰賴奢侈的物質，只需要父母適時地給予孩子情緒

上的撫慰、關切的眼神、肢體上適當的接觸。例如在睡前給孩子一個擁抱、接納孩子的生氣或失望、陪伴孩子一起經歷充滿成就感的時刻。光是這樣的回應，就足以讓孩子感到自己是被愛的、是有價值的人。

可惜這類型回應的重要性經常被忽略。

大人們致力於思考如何教孩子更聽話、獲得更好的課業成績、學習更多才藝，總以為溫柔的、支持性的回應與照顧行為是空泛而無意義的，比不上物質的給予或各種具備督促的建議。**之所以會有這樣的迷思，很可能是因為這些大人從小也沒獲得來自父母的這類型回應。**

美國心理學家蘇珊・佛沃（Susan Forward）認為，一個人童年時期所遭受到的對待，將會在他的內心一點一滴地設定成一套程式，在成長過程中，他將憑藉著這樣的設定來認識自己與世界，進而用這樣的認識來與他人互動。

若是這套程式漏洞百出，卻沒有被偵測出來、沒有被修正或更新，個人可能因而終其一生過著辛苦的生活。

如果父母能夠鼓勵孩子去冒險，適時提醒他需要注意的事項，並且在他受傷時給予安慰，在他成功時一起高興，孩子將會感受到自己是有能力的，而且能大方地面對自己的失敗，在挫折中獲得重新站起來的勇氣。

相反地，倘若一個孩子從小就被用近乎恐嚇的方式對待：「你那些自以為的創意都只是不成熟的想法。」「你出社會一定會被欺騙。」「你如果失敗就給我試試看。」……他可能很難信任自己的能力，覺得這個世界是充滿險惡且不可信任的。

由於遇到挫折只會被譴責、被處罰，所以他絕對不允許自己發生意外，也無法接納自己的失誤。

表現好，才可能被父母喜歡?!

兒童與青少年階段正在尋找「我是誰」，努力地建立自己的價值感，他們對自己的認識主要來自於父母、老師、好朋友等重要他人的回應。這些回應不只是直接表達「我覺得你是一個什麼樣的人」，也包括了當你遇到困難想求助、因為挑戰而感到害怕、充滿熱情想分享自己的喜悅時，這些重要他人回應的口吻、眼神、態度等等。

當一個孩子發現只要考試成績優異、有遵照父母的話行事、不吵著要買玩具零食、獨自去樓上拿東西的時候不會害怕，不只可以獲得讚賞，有時還能聽到父母拿這些「好表現」來告誡自己的兄弟姊妹，或者與鄰居聊天時不經意的提起……

這就是一套來自於父母互動時所建立的設定，孩子在為此高興的同時，也在內心設立了一道堅不可破的信念：「**表現好，才可能被父母喜歡。**」而這句話更深層的訊息是：**我本身是沒有價值的，別人是否愛我，取決於我表現得好不好、是否有滿足別人的期待。**

大人所表達出來的輕蔑與不耐，經常會讓孩子感受到自己之所以會遇到這些困難，會有這些不舒服的情緒，都是因為自己的愚蠢所造成。這種回應的態度，對於幫助一個人長出自我價值是完全沒有幫助的。

一個人如果從小就經常被最信任與最愛的人嘲諷、貶低、比較，不但無法感受到自己的價值，那些長久以來積累在心裡的憤怒與痛苦，很有可能會在他長大成人之後，用各種方式轉移到他人身上。

由於他長期經歷著充滿傷害的對待，因此他也可能用這樣的方式來對待他人。

這樣的人或許也會習慣性地在生活或工作上貶低他人、嘲諷他人，他們從別人受挫的反應當中獲得些許的成就感、感受到自己的能力感，但這樣的互動方式當然會引起別人的反感與疏遠。因此，這些假性的正向感受就像肥皂泡泡般脆弱，很快地，他們終將再回到那孤獨而痛苦的世界裡。

第三章

被忽略情感的孩子

第三章、被忽略情感的孩子

- 「父母賺錢養家壓力很大，罵你幾句，有什麼不行？」
- 「身為你的父母，當然可以安排你的生活！」
- 「父母都是為你好，想成功就要照著做！」
- 「辛苦養你長大，偶爾要你配合我們的安排，難道也不願意？」
- 「你若不接受我們的想法，不如不要回家。」

無論是面子、尊嚴、自信心，在這些名詞底層最核心的概念，就是「自我價值」。所謂的**自**

我價值，是指一個人感受到自己的重要性，喜歡自己、對自己抱持正向感受的程度。

從小經常被父母用上述這些語言及態度對待的孩子，自我價值很容易是偏低的。當父母連續幾天都沒有回應你的電話時，你是否開始擔心自己哪裡做錯了？當你不小心受了傷，或者被他人傷害，是否不是先檢視自己的傷口，而是像做錯事的小孩一樣感到自責、害怕？

我與這類型的人談話時，經常在他們身上嗅到濃濃的不安全感。

明明問題並非出在他們的身上，但在事情未經查證之前，他們卻總是毫不猶豫地將責任往自己身上攬，或者找出各式各樣說法來「證明」自己在哪些環節一定出了差錯。

明明就是被別人傷害，卻總是幫傷害自己的人找到合理的藉口，然後急著批評自己笨拙、愚昧，彷彿這一切「都是自己的錯」。

這些人不僅覺得自己不好、不喜歡自己，他們甚至無法拒絕讓別人傷害自己、不敢拒絕不合理的要求，將所有的責任或過錯都往自己的身上扛。

他們從來不會質疑為什麼別人可以粗暴地干預自己的生活，為什麼可以理所當然地傷害自己。

他們很難正視自己的委屈、難過與受傷，即使因為負向的情緒而哭泣，他們也總是立即擦乾眼淚，故作堅強地告訴別人：「我沒事了，真是丟臉，竟然為這種小事掉眼淚。」

一、禁止表達情緒

前陣子我在網路上賣一輛折疊腳踏車，得標者是一位母親。約定取貨的那一天，爸爸媽媽牽著看似就讀國小二、三年級的小女孩一同前來，原來這輛車是他們要買來送給女孩的生日禮物。

小女孩一看見淺藍色的腳踏車，立刻衝上前去躍躍欲試，但因為車身太高，她連坐上椅墊都有困難，更遑論要踩到踏板與地面。

努力試了幾次都失敗之後，她眼眶泛淚、既失望又難過地蹲在車子旁說：「它太大台了……」卻又不捨地一直摸著這台期待已久的禮物，一旁的父母只得無奈苦笑。

看起來這個小女孩要駕馭這輛腳踏車是不太可能的，幾個人僵持了一會兒，我打破沉默表示：「不買也沒關係，安全比較重要。」

沒想到女孩的父親想了幾秒後，蹲下來摸摸小女孩的頭、微笑地說：「我們先把禮物帶回家放著，然後我們一起努力吃飯運動，等長高一點就可以騎了，好不好？」

小女孩雖難掩失望之情，卻也含著眼淚點點頭。

父母付了錢向我道謝後，牽著小女孩的手與腳踏車一起走出我家。

望著這一家三口手牽手離開的背影，一陣感動的暖流湧上心頭。

小女孩因為期待已久的禮物不如自己的想像，因為自己的能力不足以駕馭這輛車子而感到難過，父母不僅沒有責備小女孩的失望與眼淚，甚至用行動和語言告訴她：「沒關係，我們可以一起努力一起克服這個困難。」

孩子因為結果不如預期而感到失望與難過，父母接納了孩子不舒服的情緒，並且表達陪伴孩子一起克服的意願。聽起來如此理所當然的一件事，在許多家庭裡卻總是遙不可及、難如登天。

有些家庭可能在現場就開始爭執：「搞什麼鬼？妳為什麼不在家就先確定好？大老遠開車到這裡，浪費時間！」「都是我負責找禮物，難道是我要過生日嗎？」「哭什麼哭？丟臉死了，妳再給我哭看看！」

孩子聽了，可能警告自己不要再哭了，為自己哭泣以及讓父母白跑一趟的行為感到羞愧自責，或者生氣大吼：「反正你們都騙人，故意不買給我！」

無論是哪一種回應，很遺憾地，這一趟購買生日禮物之旅肯定都會演變成一場充滿負面情緒與衝突的災難。

我相信（至少我至今還沒聽聞過），沒有家庭會在客廳的牆壁上寫著「家中不允許難過、掉眼淚」、「在家裡不可以發脾氣」、「不可以太開心」，然而，當電視節目演出感人的橋段，家中有人因而開始啜泣或掉眼淚時，突然有人拿起遙控器轉台或關機；當父母因為種種壓力或衝突感到不舒服，但孩子上前關心時，父母卻表示「我沒事。」「小孩子不要管太多。」

或者當家裡有人因為開心的事情歡樂地慶祝時，突然有長輩喝斥：「怕人家不知道嗎？」甚至擺出臭臉，離開現場。

大人什麼規定都沒有講，卻已經透過行為、表情、語氣，將他們不喜歡、不習慣、不允許的行為與規範，既隱微卻又毫無保留地傳遞給家人、孩子。

在禁止表達情緒的家庭裡，家人（尤其是孩子）能表達什麼樣的情緒，不在於他們當下真實的感受為何，而是父母當下的心情如何。從這句充滿矛盾的描述裡就能發現，所謂家庭裡不允許表達情緒，僅限於孩子沒有表達情緒的權利，父母經常理所當然地將自己的不舒服用各種方式往外宣洩。

被扼殺的情緒與感受

受了傷，不被允許掉眼淚；面對危險，不被允許表達害怕；面臨挑戰，不被允許表達緊張；遭遇挫折，不被允許表達難過；面對攻擊，不被允許表達憤怒；有好的成就，不可以太開心……**這些「禁止」，都在傳達同一個訊息：你的情緒與感受是不對的、不應該的、不重要的。

我們從很小的時候就被訓練去判斷哪些情緒是「對的」，哪些情緒是「應該的」，因著表達出不同的情緒，會從父母那裡得到獎勵或懲罰等不同回應。也是從這一刻起，我們開始認識別人對我們的期待，學習只表達出被認可的部分，同時忽視了自己內在真實的情緒與感受。

實際上，**情緒與感受根本沒有好壞與對錯之分，那是一個人在面對不同情境時發自內心、最自然不過的反應**。

情緒與感受同時也是非常重要的訊號，我們藉由這個訊號來了解自己當下的狀態與需求，進而透過適當的方式來滿足自己。

但是，幼年階段的我們還沒發展出成熟的判斷力與辨識力，以至於當父母對我們的某些需求表達出嫌惡、指責、忽視，甚至直接表達禁止的時候，我們就會告訴自己那樣的情緒感受是不能表達的，是不可以擁有的。

換句話說，我們忽視並切斷自己內在傳達出來的訊號，選擇相信來自別人的指令。

由於我們否定自己內在真實的情感與需求，全然以父母所設定的是非對錯來行事，因此，我們其實是以父母的期待來作為自己生活的重要指標。

也**因為不重視自己的情感與需求**，這對別人來說根本是個天上掉下來的好機會，**他們可以毫不客氣地要求你、掌控你、傷害你，藉此來滿足他們的欲望與需求。

無限循環的魔咒

情緒表達的模式經常會透過「代間傳遞」的現象傳給下一代。

在一個不允許表達真實情緒的家庭裡，孩子學習到隱藏內在真實的情緒才能安全生存、不被懲罰。然而，即便他們再怎麼學會符合父母期待的情緒表達，內心真實的情緒並沒有得到妥善的照顧，他們在成長過程中可能因為這些長期大量被壓抑的情緒，造成生理或心理的疾病，或者發展出其他不健康的方式來發洩。

父母之所以設立這些情緒禁制令，往往是因為從小他們也被教育這些情緒是不應該、是不好的；也因為一直沒有機會學習與自己的情緒相處，當他們嗅到孩子身上出現明顯的情緒時，往往不知道該怎麼幫助孩子、陪伴孩子，此時不但覺得挫折，也再次感受到自己被這些情緒引發的不舒服。

為了降低焦慮，他們用處罰或責備的方式來命令孩子停止這些負面情緒。而父母之所以會用這種方式禁止孩子的情緒，很可能是他們從小也被大人用同樣的方式對待。

孩子為了避免被處罰、得到父母的認同、成為父母眼中「成熟的好孩子」，他們也開始學會表現得一副對失望滿不在乎、對危險無所畏懼、對分離表達極度的理性，最終成為一具跟父母一樣的情緒殭屍。

當這些孩子長大成人，有了自己的家庭之後，他們可能將這種成長過程中「雖不舒服，但很熟悉」的情緒表達模式傳遞給自己的孩子。

他們未必會禁止孩子討論情緒，但總是在有人掉眼淚時表達沉默、說笑話、起身離場；當孩子在學校被欺負回家哭訴時，他們不是給予安慰與支持，而是建議孩子還手，或者嘲諷孩子怎麼這麼沒用。

壓抑情緒的孩子，會透過暗諷等方式，發洩自己的情緒

除此之外，在一個適逢親人意外或過世，處於悲傷狀態的家庭裡，當父母表達出「不需要太難過、生活要積極正向」的態度，或者父母肯定某一個孩子不哭不鬧的反應時，其他的孩子基於想得到父母的肯定，也會跟著如此效仿。

但是，我們都忽略了一件重要的事情。

不去正視情緒、不學習表達或者不練習與情緒共處，不代表就不會感受到負面的情緒。**這些從小就被要求與情緒隔絕的成年孩子覺得難過、悲傷、挫折、憤怒的時候**，或許不至於大吼大罵

或出手打人，但**很可能透過暗諷、忽視、拒絕等隱微的言行舉止來攻擊自己的孩子或家人，藉以發洩情緒**。

諷刺的是，父母或許可以耐著性子對外人微笑，想盡各種內容稱讚別人家的小孩，卻不願意將那一點點笑容、肯定，留給自己的孩子。

這一切看在孩子的眼裡，真是情何以堪。

「別人怎麼樣都比我好。」即使父母在私底下表示他們只是為了客套才講出那些正向的回應，但他們卻不知道，在孩子的心裡，其實有著滿滿的羨慕與期待：「就算是客套的，可否也分給我一些鼓勵、笑容與肯定呢？」

他們總是仰著頭，巴望著父母可以給予自己一些肯定與認同。

二、「小大人」養成班

許多人談到「親職化」（parentification）這個概念時，比較容易想到的是在父母忙於工作的家庭裡，孩子利用原本玩耍的時間，協助分攤原本是屬於父母該擔負的責任，例如比較年長的孩子，幫忙賺錢或照顧弟妹。但在這裡，我要談的是**另一種經常被忽略的親職化現象——父母用隱

微的方式，要孩子代替他們去做自己不想做，或者不敢做的事。

許多研究指出，兒童或青少年「親職化」的現象，經常是出現在那些父母沉迷於賭博、酗酒、吸毒，或者有其他不良嗜好的家庭裡，他們因為把所有的精力都放在自己的享樂上而無暇關注孩子，因此孩子很可能長時間挨餓、疏於被照顧。

為求生存，孩子經常會用各種方式去尋求庇護、找尋食物，而年紀較長（但也尚未成年）的孩子有時也會擔負起照顧幼小弟妹的責任。

但是在我們的生活中，我發現孩子親職化的情況不只出現在前述的父母身上，即使在家境小康，父母皆有正當職業，甚至夫妻之間也鮮少衝突的家庭裡，孩子還是可能出現親職化的現象。**之所以如此，與東方文化的傳統價值觀——「孝順」有非常強烈的相關。**

所謂的孝順對許多長輩而言，經常被認為：順從父母的意見、尊重父母的想法、協助父母分攤家務，說父母想聽的、做父母所想的。

簡單而言，我們經常把孩子「單方面對父母的順從」稱之為孝順，一旦孩子有不同於父母的想法、違抗父母的指示，或者沒有滿足父母的期待，就很容易被指責為不孝順。

在這種狹隘的孝順觀念底下，許多父母或許是有意識，也或許自己並未清楚覺察地，替孩子開啟了「小大人訓練班」，長時間授課，且嚴厲要求，期待孩子能為父母負起部分的責任，完成某些工作與任務。

父母不喜歡的事情，為什麼要孩子去面對？

我有一個好哥兒們——阿健，他對筵席場合相當反感，每當有朋友因結婚或入厝等喜事辦桌請客時，他總是大方請人轉交厚重的紅包，但說什麼也不願意親自到場吃喜酒。

他說，小時候舉凡家族掃墓、家族過年聚餐、親戚或朋友結婚等需要出席的場合，父母一概以「工作忙碌，無法參加。」「對方是很重要的人，你一定要代表出席。」「已經包了紅包，你帶妹妹去吃好料的吧！」為由，派他出席。

才就讀國小三年級的他，經常牽著妹妹的手，硬著頭皮，走進許多陌生成人的叢林裡，慌張地找尋收禮處繳交紅包、簽上父母的名字。

運氣好的時候，會遇到認識的親戚邀他們同桌吃飯，否則就只能尋找看起來比較和善的大人同桌。

陌生的大人經常困惑與好奇地看著這一對不知從哪兒冒出來的小兄妹，關心他們是否與父母走失了。有些親戚則似笑非笑地說：「回去跟你爸媽說錢夠用就好，不用賺太多啦。」「你爸媽還在工作喔？都不回來，大家怎麼會認識他們呢？」

大人之間的恩怨情仇，他當然不懂，只能尷尬地露出爸媽教他們「看到長輩笑就對了」的笑容，但心裡卻莫名感到害怕與不舒服。

「我簽我爸的名字，比簽我自己的還要熟……」阿健苦笑地說：「如果這些人很重要，他們幹嘛不自己去就好？」「每次都要去跟不認識的人問好、吃飯，有夠尷尬。」

進入青春期以後，他開始抗拒這種被叫去參加各種大人聚會的命令，但父母卻板起臉孔指責他：「我們工作這麼忙，你怎麼這麼不會想？」

「結果呢？」我好奇。

「沒有結果啊，總之上大學之前每年還是得做同樣的事。我超級不想去，但想到要讓妹妹獨自面對那些以前我很害怕的場合，就覺得放不下心……」

阿健說，其實父母都很內向，人際關係也相當封閉。在成長過程中，根本沒看到有什麼朋友來家裡串門子，而他們也極少外出與其他人接觸。因此對他們而言，其實參與這些親朋好友的場合都是極其困難的。

長大之後他才開始懷疑，父母是否為了避免參與這些社交活動，刻意（或無意識地）安排了許多工作，讓自己抽不出空閒，然後要孩子代替出席。

「他們自己不喜歡的事情，為什麼要我們去面對？」阿健覺得無奈。

孩子成為夫妻爭執後，其中一方（甚至雙方）的情緒療癒者

除此之外，孩子也常成為夫妻爭執後其中一方（甚至雙方）的情緒療癒者，像是第一章提到的承志，他的母親經常告訴他：「好孩子，媽媽有你就夠了，希望你以後不要成為像你爸爸那樣的男人。」「假日不要出去玩，在家幫忙照顧妹妹好嗎？你父親從來不顧家人，只有你比較懂事……」諸如此類的情境，都會讓孩子非常難受。

年幼的孩子無法清楚指出是哪裡怪，但總會感受到不舒服。不過，他們往往還是忍受著自己的困惑、懷疑與恐懼，勇敢地去執行父母指派的任務。

孩子無法覺察，父母所賦予的任務可能超乎他們年齡所能負擔，也不該是他們要去完成的；再者是任務執行失敗後，得到父母的批評與責備，根本就是莫須有的指控。

孩子願意挺身而出，是基於對父母的忠誠

這些小大人之所以願意執行父母指派的任務，一部分是因為害怕違抗父母的指令會遭受懲罰，但另一部分，則是基於他們對父母的忠誠：希望父母開心、不想讓他們失望、期待自己成為聽話的好孩子。

然而，如果父母能大方坦承：「我不太想去那個場合，不然我們都不要去好了。」「我們不太好意思去，這次你們代替爸爸媽媽去吃一下喜酒，好嗎？」孩子就能感受到自己和父母是站在同一邊的，也清楚父母這麼做的原因是什麼。

偏偏大多數的父母都不好意思、不太願意講出內在真實的想法，而是用「你不聽話去做就是不懂事。」「為什麼不能替父母多想想？」「只是要你去參加個喜宴，有什麼好怕的？真是沒用！」然後把孩子推派出去。

這麼一來，**父母既不需要正視自己內在的焦慮與恐懼，甚至還能將這些不舒服的情緒投射到孩子身上，萬一孩子表達抗拒，那麼大人就指責孩子膽小、沒用，而不需要誠實地去面對自己內在最真實的負向情緒**。

隨著個人覺察能力與因應方式的不同，這些小大人很可能會長成以下幾種類型：

1 **使命必達型**：這一類的小大人終其一生都穿著戰袍，必要時隨時都願意代替父母出征，並且承受著因為任務執行失敗被責罵，因為對某些任務感到膽怯而遭受嘲諷與貶低。

他們當然也會因為父母的負向回應而感到不舒服，但這類小大人不會違抗父母，反而是認同父母的語言，轉向責備自己，認為自己真的是個一事無成的笨蛋。

他們的人我界限可能會變得模糊，因為他們早已習慣否定自己內在真實的感受，也合理化父

沒有喜歡離家的人。

只有負傷累累，

必須遠離家庭以求自保的孩子。

母傷害自己的事實。因此當他們開始上學、出社會後，也可能成為那個專門幫同學跑福利社、幫同事買便當的小跑腿，他們替別人加班、收拾別人的爛攤子，一輩子成為他人眼中理所當然被占便宜的濫好人。

2 **猜忌疏離型**：這一類小大人在成長過程中，逐漸發現自己像是個傀儡般地活著，長期以來身上所背負的標籤，其實都是不符合現實、莫須有的指責。

這些小大人將會發現可怕的事實：他們長年身兼父母的分身，父母所給的鼓勵只是用來促使他們更願意去跑腿的代幣，但他們犧牲掉的卻是自己最寶貴的童年生活。

一旦他們發現自己的忠誠卻被最信任的父母恣意利用，往往會開始設立界限，為自己設下停損點。他們為自己築起一道高牆，從此拒絕信任他人、與人保持遙遠的距離，避免受傷。

3 **健康彈性型**：這一類小大人發現以往被父母利用的事實之後，雖然願意持續為他人做一些事情，但也會練習尊重自己的感受與需求，不讓別人毫無止境地控制與索求。

他們找到一個健康的彈性，在人際互動中願意提供協助，但也能適度地拒絕別人，維護自己的權利，不讓自己總是受委屈。

其中，「猜忌疏離型」與「健康彈性型」很可能成為父母眼中那些「變壞的孩子」、「兄弟姊妹中最自私的那個人」，卻很少人能夠理解，他們其實只是一群在受了傷之後，鼓起勇氣想自我保護的小孩。

三、無微不至的安排——你不懂，所以必須聽我的

從表面上來看，許多親子關係之所以存在著衝突，往往是因為孩子「不聽話，不願接受父母好意」的反抗行為。但這種「不配合」的行為，背後所蘊藏的動力，其實遠比字面上看到的還要更隱微、更複雜。

控制，是為了保有安全感

父母總覺得孩子無法接受他們給出的愛，而孩子們則經常把父母給的愛當作沉重的負擔與惱人的控制。我要再次申明，我相信大多數的父母是真心為了讓孩子過得更好，因而努力做出許多介入與安排。

那麼，這些過程到底什麼環節出了問題呢？到底是什麼讓這些「愛」成了親子之間的衝突？我想，往往是**父母忽略了要尊重每一個人的界限——即使是自己的孩子**。

縱使孩子已經長大成人、成家立業，父母仍舊認為自己有責任為孩子好，要幫助孩子處理生活中的事情。但這些善意的動機卻經常轉化成各式各樣令人窒息的介入，干涉了成年子女的生活。

除了類似前面提到的幼婷這種被安排相親的狀況之外，有父母為了要已婚的子女趕快生孩子，不斷地探問子女的性生活、準備大量的補品；有父母因為子女考試或工作不順，要求他們參加宗教、算命、匪夷所思的儀式，甚至聽從宗教團體的指令行事。

某次我在咖啡店寫稿子，聽到隔壁桌大聲聊天的內容當中，有一個人分享自己曾經到某熱門產業的機密研發部門演講。

他用興奮的語氣說，邀請單位請駕駛將車子停在他家門口接他；到了演講地點後，立刻有人等著幫他開車門、引導他到貴賓室休息、安排主管陪他聊天、引導至會場演講；講座結束後，同樣有各種無微不至的引導，從頒發謝禮、喝茶水、上洗手間……直到送他回到自家門口，甚至還恭敬地目送他走進家門，車子才緩緩駛離。

周圍的朋友們聽了，紛紛露出羨慕又崇拜的表情：「天啊！這是高階講師才有的高規格待遇吧！」「講師費應該很多吧？」「怎樣才能獲得這麼厲害的邀約呢？」

一旁的我，聽著聽著，卻有一股不寒而慄的感覺襲上心頭。

因為，他們口中的高規格接待，對我來講就像是一種「控制」：因為擔心你到處亂跑、拍照、洩漏機密，最好的方式就是從頭到尾都派人跟隨著你，美其名是接待，實際上就是掌控你的一舉一動，如此，才不會發生他們意料之外或者擔心的事情。

這與我在處理親子衝突議題時經常遇到的狀況很類似。

父母因著「如果我沒有……他就會……」的擔心，主動為孩子安排各種事情。但對許多人而言，最痛苦的事情，莫過於父母總是以近乎頒布命令的方式，要他們服從這些安排，而身為孩子的你，倘若不從，可能會讓父母生氣、傷心。

如果你沒能覺察這種互動模式有哪裡不妥，並且已經對你造成某些生活的不便與負面情緒，或者即使你怎麼不舒服，卻仍舊把這種服從當作孝順的表現……那麼很不幸的，不管你活到幾歲，是否已經成家立業，只要你的身上還有著「孩子」的身分，就很難逃脫這場遊戲。

大人們很生氣：「我這樣費盡心力，為什麼孩子不領情？我到底做錯了什麼？」

孩子們很困惑：「如果你們真的為我好，為什麼不願意聽聽我的需求是什麼，為什麼都要控制我，要幫我做決定？」

每當遇到這樣的衝突時，我都會提醒雙方不要輕易為彼此貼上負面的標籤。**我們應該思考的是：「何以我們的好意，必須透過各種『安排』、『命令』來表達？在這行為的背後是否傳遞著什麼樣的訊息？」**

人只有在害怕失控的時候，才需要花更多的力氣來掌控一切。而隱藏在這些無微不至的安排背後，往往是想要保有自己內在的安全感：

- **害怕失去自我價值感**：雖然孩子都大了，但我懂得還是比孩子多，我依舊是有價值的人。
- **害怕被遺忘**：我依舊是孩子的重要他人，不會因孩子的外出、成家立業而被遺忘。
- **害怕失去能力感**：即使孩子有了自己的家庭，我依舊有能力影響他、讓他聽我的話。

孩子需要的愛，父母給不出來

「怎麼樣才能讓我的孩子比較聽話？」前來尋求諮商的大人，經常感嘆孩子年幼時明明就很乖巧，為何長大以後，卻像走鐘似地開始叛逆。

「我們要的不多，也從不苛求這孩子，我們只希望他可以『變回』以前的樣子。」

父母說得誠懇，我聽了，卻感到困惑不解：彷彿孩子沒有照著大人的意思行動，就是不好的、是需要被調教的。

事實上，**青少年被父母認為是叛逆或反抗的行為，很可能是正在練習長出自主性的重要發展階段**。

根據心理學家艾瑞克森（Eric Erickson）的生命發展階段理論來看，青春期的個體正處在「自我認同」的階段，個人在此時會開始對自己是誰感到好奇。他們開始困惑以往奉為圭臬的大人的聲音是否是唯一的標準，他們好奇在這些價值之外，是否還有其他的可能。如果不是成為大人期待中的樣子，那麼自己還可以像誰呢？

但是，父母若無法接受孩子已經開始朝向成熟且獨立的發展，給予孩子長出自己想法的空間，賦予孩子對這個世界感到好奇的權力，而是用責罵或壓抑的方式來教養，很可能會讓處在青春期階段的孩子在心理發展上受到阻礙。

若個人在此階段為了符合父母的期待，為了讓父母開心而選擇以他們的想法作為自己的想法，就可能失去了自我探索與成長的重要機會。

也就是，父母並沒有依據孩子的成長階段來鼓勵或陪伴他自我探索，而是用自己的觀點來規定孩子什麼能做、什麼不能做。

倘若孩子配合父母的安排，而日子過得也還算不錯，雙方或許就相安無事；但若孩子的想法與父母的期待相違背，每一次的互動就會讓親子之間充滿火藥味。

如果父母在教養上不願意讓孩子以他真實的樣貌來成長，卻要用自己設定的方式來「形塑」（說好聽一點叫做「栽培」）他，**那麼，父母所給予的任何資源都會是依據自己認為的「需要」，而不是孩子的「想要」或「需要」**。

他們對孩子的語言就經常會是：「我吃過的鹽，比你吃過的飯還要多。」父母覺得自己懂得很多，卻在沒有意識的狀況下，把孩子遠遠推開。

與其說是擔心孩子出問題，倒不如說是父母擔心孩子未來是否會長得跟自己想像的不一樣。

為了避免這樣的不安感，最好的方式就是設定各種規則來管控孩子。但是，你想控制得愈多，就需要耗費更多的力氣來監控；你設定愈多規則，就愈會為自己創造更多被挑戰的機會。

這就跟開車一樣，當你用放鬆而信任的態度駕車時，就能輕鬆地用手掌輕輕扣住方向盤，只要能保持安全，稍有偏差，也無妨，必要時，再稍稍控制方向即可；但若你不信任這輛車的性能，不信任自己的技術，你必然緊緊握住方向盤，稍有偏離白線，便一身冷汗，擔心發生事故。用這種態度開車，當然會讓自己肩頸痠痛，大氣不敢呼一口。

隱藏著「期待」的愛

在《可可夜總會》裡，主角米高因為違背了家族「不能接觸音樂」的古老禁令，因而誤闖陰間，並遇到已經過世的祖先們。

若要重返人間，他必須得到祖先的祝福。家族裡，輩分最高的曾曾祖母毫不猶豫地說出：「我會給你祝福，但你從此不能再碰音樂。」表面上看起來是為了幫助孫子盡快回到人間，但實際上卻是期待他回去之後，可以把她的照片擺回祭拜祖先的小房間，好讓自己在亡靈節的時候可以回到古厝，獲得後人祭拜。除此之外，還不忘提醒主角不可以違犯她生前設下的家族禁令。

如果你問這位曾曾祖母，為何要設下某個令人不解的禁令。她的回答九成會是：「這還需要問嗎？**當然是為了大家好啊**。」

這個為孩子的「好」，對大人而言，往往等同於他們對孩子的「愛」。但是，父母很難覺察到的是，這些愛的背後其實隱藏著他們的「期待」，也就是我們希望對方可以做出哪些行為、用什麼樣的方式過生活、擁有某些生活的型態、達到某種成就……簡單而言，孩子被期待達到父母心中的某個標準，而這個標準設立的權力，當然是掌握在父母的手中。

一旦子女表達抗拒、抱怨、逃避等行動，父母也會因為自己的善意沒有得到正向回應，沒有達到預期的結果而感到挫折、困惑，以及憤怒。

如果父母無法覺察這些負面情緒是因為自己不盡合理的期待所造成，就可能將這些不舒服的情緒轉換各種語言來攻擊孩子，而這些充滿攻擊的語言就是我們耳熟能詳的：不成熟、不懂事、不知感恩、不知好歹、不聽話、不孝順。

這些語言聽在孩子的耳裡相當難受，覺得愧對辛苦拉拔自己長大的父母，沒能透過滿足他們的期待來報答他們的辛苦。再者，除了沒有得到父母的肯定之外，又惹來父母的指責與批評，也會讓孩子相當挫折。

不難想像，為了避免聽到這些可怕的內容，為了避免與父母發生衝突，也為了獲得父母的肯定與認同，很多孩子從小就學會忽視、否定、壓抑自己的感受與需求，長成父母期待的樣子。

這些孩子被剝奪了「學習了解自己的想法與需求」的權力與機會。**一個根本不知道自己要什麼，不知道自己有權力探索想法與需求的人，當然也不會認為自己的想法與需求是重要的。**

四、錯誤的設定：我是不重要的人

就如同陽光、空氣、水是維持生命的必需品，「自我價值」則是一個人重要的心理能量，它讓一個人在面對困難或挫折時，能夠鼓起勇氣，在表現得不錯時，能對自己賦予肯定，並且有勇氣面對自己所犯的錯誤。

擁有高自我價值的人能夠欣賞自己的好表現，即使結果不如預期，也願意看見自己的努力與堅持。也因為他們尊重自己的價值，而非藉由表現的結果或他人的肯定才決定自己的價值與否，所以他們不害怕，也不抗拒面對自己的缺點或不足之處。

對於那些能夠改善的部分，他們願意努力去嘗試，但對於那些自己無法達到的部分，他們也能欣然接受自己的限制。

換言之，**他們願意，也能夠接納自己與生俱來的真實樣貌**。

相反地，帶著「我根本不重要」、「我很沒價值」的信念長大的人，會長出幾種特質：

1 **深信滿足別人的需求，比滿足自己的還重要**。若你問他為何不多為自己著想，他將會覺得這是很自私的想法。

2 **否認、或者難以感受到自己的情緒與需求**。

3 **難以覺察或正視自己所遭受的傷害**。

自我價值的建立，往往來自於生命早期與父母互動的經驗。倘若父母能夠接納孩子的樣貌，對於表現好的部分給予鼓勵，對於表現不好的部分，予以適當的教導，而非充滿嘲諷與批評的負面語言。對於孩子不足之處予以接納，孩子就能感受到自己是被尊重的、被接納的。即使表現不佳或能力不夠，都無損於自己身而為人的價值。

遺憾的是，有許多成年孩子終其一生無論多麼努力，得到的不是父母的鼓勵與認同，而是被拿來跟別人做比較。表現不佳時被諷刺，被忽略情感與需求，甚至被設定了一個遙不可及、沒有終點的期待。

來自於父母經年累月的負向回應，讓他們覺得自己是一個沒有價值的人。因為偏低的自我價值感，他們不認為自己值得被愛，不敢為自己的感受與需求發聲，不好意思拒絕別人無理的要求，不敢相信別人發自內心的肯定。

除此之外，若父母將對孩子的控制、禁止孩子表達情緒，包裝成「如果你想孝順，就要聽話。」「聽話的孩子，才可以被愛。」就會讓孩子誤以為只有遵從這些標準，自己才是一個值得被愛的人。

「因為你是我們撫養長大的，所以理所當然要服從我們。」

為了確保父母會愛自己，孩子全心全意朝著父母的期待前進，努力滿足父母的需求，與此同時，放棄了真實的自己。

「我是誰」在他們的心裡並不重要，因為他們的價值高低是建立在有沒有被父母肯定，是不是一個被父母愛的孩子。

帶著這樣的信念長大，為了確保自己在人際關係中是被喜歡的，所以他們願意聽從別人的指令、接納他人的使喚、承受他人對自己的傷害。

假使父母沒能覺察到自己對孩子的期待，其實是為了滿足自己的需求，就會在孩子表現出符合父母期待的行為時給予鼓勵（無論這些行為是否對孩子有利），在孩子表達出自主的想法與行為時，反而批評其自私或叛逆。

孩子為了討好父母，就會在覺察到父母的反應之後，選擇性的表達出父母所鼓勵的行為，卻壓抑了真實的自我。

為什麼我們無法保護自己？

這類型的人並非天生就如此軟弱，無法肯定自我，但或許當他們勇敢地嘗試表達自己的感受與需求時，父母卻責怪他們太自私、太小題大作，或者乾脆以忽略的方式來因應，以至於他們覺得自己這樣的行動很愚蠢、很不孝。

不僅如此，由於他們經常被父母責備、否認內在的情感與需求，導致他們從小就缺乏了解真實的自己的基礎。為了符合父母的期待，他們也可能學習父母壓抑自己的情感與需求。

還記得前面提過的「防衛機制」嗎？一旦你問他們對於有關受傷的感受是什麼，他們將會啟動（卻沒有覺察）防衛機制來回應你：

1 **否認**：沒什麼啦，過了就算了。

2 **打岔**：先別提這個了，跟你說，我最近發現一間很好吃的義大利麵店……

3 **合理化**：爸媽有他們的苦衷，他們也不是故意的。

他們看似有回應你的問題，實際上卻是繞了個彎，完全沒有碰觸到自己內在的感受。無論如何，他們就是無法說出：「當他們說我穿得像是『巴不得被男人怎樣……』的時候，我其實很受傷，也很生氣。」「當爸媽假日理所當然地幫我安排事情時，我覺得自己很不被尊重。」

一個認為自己是有價值的人，才會喜歡自己；一個喜歡自己的人，會認為自己是值得被尊重的；而一個認為自己需要被尊重的人，當然也不允許別人來傷害自己。

我們從小就被教導被陌生人騷擾時，要大聲喝斥與呼救，被欺負或被傷害時要能反擊，但即便如此，為什麼還是有很多人遭受陌生人的騷擾或傷害？為什麼我們在職場或人際中被傷害時，不敢堅定地拒絕對方？

因為我們長久以來被灌輸：「你的判斷是錯的。」「要多為別人著想。」「你的想法是愚蠢的。」「打你，就是為了你好。」這些充滿貶低的語言和行為，無法幫助我們建立起堅強而完整的自我。即使學習再多保護自己的技巧，也不敢拒絕別人對我們的攻擊、侵略。

有時候，父母的批評與貶低甚至不需要開口，一個嘆氣、白眼、搖頭，或者不發一語掉頭就走，就足以表達他們對孩子的失望、不滿，以及不認同。

他們什麼都不必說，但施加在你心裡的壓力卻無比沉重。

孩子努力想求得父母的認同，父母卻不知道自己的教養方式不但壓抑、犧牲了孩子最真實的樣貌，也讓他們在孩子的心裡漸漸成了一個專制霸權的蠻橫象徵。

長期陷在「滿足了父母就委屈自己，尊重自己卻又傷害了父母」的痛苦泥淖裡，「家」就在不自覺間，成了許多孩子們最沉重、最想掙脫的枷鎖。

第四章

被控制行為的孩子

第四章、被控制行為的孩子

「我到底該怎麼做才好？」

想像一個可怕的情境：假如某天有歹徒持槍闖入家裡，並且挾持了你的家人，然後強迫你回答一些問題。

歹徒設定的規則是這樣的：如果你答錯，他就隨機開槍射擊你的某個家人；假如你答對，他可以讓你選擇先向誰開槍；倘若你猶豫超過五秒鐘沒有回答，槍口的子彈將會對準你自己。

在這種情況下，你答對也不是，答錯也不行，甚至連要猶豫的自由都沒有。

這一章要討論的孩子，很可能也經歷過前兩章的孩子遭遇的對待，然而相較之下，無所適從的孩子內在感受到的衝突與拉扯卻可能更加劇烈。他們從小就生活在一種由父母設置出來的矛盾困境裡，經常做這也不是，做那也不對，什麼都不做，也可能會遭來處罰。

長時間生活在無所適從的情境裡，他們像是容易受到驚嚇的小動物，在面對許多狀況時，無法肯定自己的感受與判斷；他們對每一個訊息都習慣繃緊神經，用全身的力氣來保持警戒狀態，避免一不小心就被危險吞噬。

一、踩地雷般的親子互動

「動輒得咎」是對這一類型孩子最貼切的形容。他們的生活就像如履薄冰，深怕一不小心就會踩破脆弱的冰層，跌落寒凍刺骨的深海，或者因為誤觸地雷被炸得粉身碎骨。

這類孩子的父母有著相當情緒化的反應，導致他們長時間生活在一種無法預測的恐懼裡，他們無法判斷同樣的一句話，什麼時候會被父母接受，什麼時候又會遭來處罰。他們的世界彷彿失去了一把用來衡量是非、評估狀況的尺，就像被拋擲到黑暗無光的世界裡，毫無方向感可言，只能任由他人來決定自己被對待的方式。

更極端的狀況是，有些父母有意無意地將孩子玩弄於股掌之間，並且對於孩子們驚慌失措、不知如何是好的反應深感興趣。

心情好的時候，他們會給孩子一些甜頭作為安撫，心情不好時，則打罵孩子發洩情緒。藉由這種互動，他們可以感受到自己身為父母所擁有的能力感。

三十二歲的郁庭已經有長達十幾年的時間無法安穩入睡。她總是在深夜裡從噩夢中一身冷汗地驚醒，餘悸猶存地呆坐在床上。

她說，母親從以前就時常沒來由的暴怒。

小時候，媽媽老是把「女兒是賠錢貨」掛在嘴邊，說她遲早都是潑出去的水，應該趁著還沒出嫁之前多做家事。

郁庭以為母親只是期待自己多幫忙工作，因此也就乖乖照做。但她無論如何努力做家事，在學業與生活上都不需別人操心，母親卻總能從枝微末節中借題發揮。

月考若考得好，會被嘲笑「一定是全班都沒讀書、狗屎運。」考不好，被嚴厲責罵「憨慢笨桶、浪費米錢。」得到老師稱讚時，被說成故意在外人面前表現乖巧。

若班導在聯絡簿上提醒一些要父母多注意的部分，母親就像抓到了千載難逢的好機會，大肆處罰她一頓。就連青春期的她因為發育得比較豐滿，也被母親嘲笑是胸大無腦。

郁庭像是一座母親專用的負面情緒回收場，負責接收母親所有難以入耳的不堪言語。每次母親羞辱完她後，總是心滿意足地買一堆食物，回到家開心享用。有時母親也會像是犒賞小狗那樣，把一些食物扔到她面前要她吃完，卻沒有顧慮剛被罵完的她心情究竟如何。倘若郁庭沒有乖乖吃完，下場可想而知。

讓郁庭最害怕的是，她經常在深夜睡夢中被母親突然一掌摑醒，從床上揪著頭髮拖到地板上跪著，要她為白天時微不足道的語言或行為向自己道歉。

有時她根本想不起來有做過這些事，但因為害怕，她還是選擇遵從。

交了男友之後，母親經常當著男友的面，將郁庭小時候困窘的事情當成笑話來說，甚至輕蔑地開玩笑說她的男友是個前途渺茫的餐廳服務生，一臉背債的面相。

母親在郁庭結婚的前一個月陷入瘋狂狀態，每天打電話來指責她是一個急著要嫁去讓男人糟蹋的賤貨，拒絕為這場毫無意義的婚事出錢出力，甚至恐嚇郁庭「如果嫁給對方，就別想分到家裡一毛錢。」

郁庭在不堪其擾的狀態下，鼓起勇氣委婉回應：「媽，如果我的婚禮讓妳很困擾，我可以自己張羅，不用讓妳這樣勞累……」

這句話像是在炸彈上放了一把火，她的母親怒不可遏，打電話到郁庭的未婚夫家裡，指責郁庭禁止她參加婚禮、忘恩負義……

從小，郁庭對母親就像是侍奉皇太后，只要注意到母親的一個眼神、一個瞬間的表情、一個聲音，她會立刻放下自己正在寫的作業、正在做的事情，還沒等到母親開口，就知道要去幫忙做什麼。

這種行為背後的動機相當簡單。雖然能得到母親稀少的讚美也很好，但只要不被母親羞辱或處罰，對她而言，才是最好的回應。

周圍的老師、大人無不盛讚郁庭是一個善解人意，總是能夠體貼他人的感受與需求的好女孩。

母親聽到這些稱讚，竟然得意地宣稱是自己把女兒教得好。殊不知正是她極端的情緒與充滿破壞性的教養方式，逼得郁庭在人際互動中不得不像是飽受驚嚇的小白兔，必須隨時保持在警戒的狀態。在別人表達之前，先行洞察對方的所思所想，才能避免受傷。

像是置身在踩地雷的遊戲，這類型的孩子總是耗費許多能量，標示出那些曾經被處罰過的語言與行為，提醒自己每一步都要踏得小心謹慎，才能夠安然存活。可惜無論他們如何謹慎，只要稍有閃神，無情的批評與責罵總是立刻如滂沱暴雨般擊落在他們身上。

無論這些孩子如何努力表現，他們的父母一天到晚抱怨為什麼自己的孩子總是不如別人，總是不夠聰明靈巧，為什麼無法表現得盡如己意。父母與這個孩子彷彿上輩子就結了不共戴天之仇，動不動就將充滿傷害的語言與行為加諸在孩子的身上，好像生活當中所有的不如意都是孩子的錯、都要孩子來負責。

他們從未覺察自己的情緒表達方式，造成了孩子無所適從的痛苦；也沒能覺察到，自己其實是把孩子當成發洩情緒的工具，根本沒有賦予孩子身為一個人該得到的尊重。

恐懼，破壞了信任感的建立

與大多數的孩子一樣，這類型的孩子也深愛著自己的父母，希望能與父母親近，卻總是在表現出撒嬌、討愛的時候，被父母回以嫌惡不耐的表情、不留情面的批評，以至於他們認為這樣的自己很糟糕、愚蠢至極。漸漸地，大部分孩子會將向父母表達的親密行為隱藏起來。

長大以後為了確保安全，他們在與人建立關係時相當辛苦。他們耗費許多時間與力氣來確認對方的每一個語氣、措辭、行動，是不是會對自己造成傷害。在沒有把握的狀態下，寧可忍受孤單帶來的不舒服，也要與人保持安全的距離。但這種謹慎往往會令他人誤解為冷漠孤僻，不願與人親近。

這些成年孩子並非不願意和人建立信任親密的關係，而是因為他們從最親密的父母身上得到太多失落與傷害，以至於這些受傷經驗提醒著他們不能隨意卸下心防，因為，他人的攻擊行為很可能是如影隨形的。久而久之，連他們也不認為自己是個值得被真誠對待、被保護的人。

他們從小就從與父母的互動中學會了小心翼翼、逆來順受，卻因而忽略了自己的情緒感受，他們用壓抑的方式來面對長久以來的痛苦，甚至發展出各種自我傷害、飲食疾患，**用造成自己痛苦的方式來宣洩情緒，藉此感受到原來自己還有一些「可以決定自己要做什麼」的選擇權**。

承襲這一份從小就習得的生活模式，郁庭在離家之後依舊無法放鬆。

她謹慎的個性使得工作績效總是優異且耀眼，在與人互動上，則是相當客氣小心。她在工作場合擁有許多喜歡她的同事，但私下的人際關係卻總是一片空白。就連她與丈夫談戀愛的初期，丈夫也曾經反映過她回應的方式，客氣得像是訓練有素的客服人員，感覺與她之間有一段刻意保持的距離。

幸好在她結婚之後，這一切開始有了正向的轉變。

她的丈夫來自一個與她完全不同的家庭環境。她在丈夫身上發現原來不是每一個家庭都充滿了攻擊的互動方式，不是所有的媽媽都會傷害女兒，當然，也不是每一個孩子受到這樣的對待時，都必須忍氣吞聲，將所有的過錯歸咎到自己身上。而母親這種教養方式，根本不是如她自己所聲稱的愛，而是滿滿的傷害。

除此之外，在健康的人際關係中，也不是非得透過犧牲自己、服務對方才能得到和顏悅色的回應。更重要的是，她是一個活生生、值得被尊重的人，而不是理所當然被用來當作情緒的出氣筒。

有了這些覺察之後，她終於能夠理解，自己將過往與母親互動的恐懼擴散到生活中的其他情境，而這樣的謹慎與小心雖然讓自己在工作上獲得長官的認同，卻也總像是被囚禁在充滿危險的牢籠裡，一刻都無法放鬆。

她開始有機會體驗到，原來一段親密而信任的關係不該是充滿恐懼的。一個人想要被對方接納，不需要透過被責罵、被羞辱的方式來交換。因此，雖然現階段的她依舊難以與人建立關係，但心裡卻有不同的聲音來提醒自己：「不是每一段關係都像和母親相處那樣動輒得咎，必須活得戰戰兢兢，所以可以在某些比較信任的關係裡，試著放鬆一些。」

二、關係的撕裂

在許多家內亂倫的案件裡，**這些加害者之所以能夠重複性侵害孩子得逞，往往是因為有另一個「默許者」的存在**。這個默許者通常是家裡的另一個成人，像是祖父母、父母的手足，或者甚至是父母其中一方。

這個默許者當然也知道這樣的行為是不對的，但基於各種原因，**或許是想維持自己的婚姻，或許是需要加害者的經濟提供，他們寧可選擇忽視、默許**，讓這個小小的受害者繼續承受著殘忍且不人道的侵害，**藉以維持家庭內部的某種「穩定」狀態**。

有些孩子在幾經思考或經過他人的鼓勵之後，可能會鼓起勇氣向家裡最信任的大人揭發另一個大人的暴行。請注意，孩子能夠做出這樣的舉動是相當需要勇氣的。畢竟在他的世界裡，父母都是他最深愛、最信任的至親，如果要揭發父母的惡行，也等同於為了保護自己而出賣父母。

另一方面，他所揭露的事情，是他遭受最不堪的對待，最難以啟齒的痛苦經驗。因此，這樣的求助行動，往往是受害者傾盡最大的勇氣，才能表現出來的。

不幸的是，當他用最大的勇氣與信任向大人揭發這一切，但大人的回應卻是敷衍的：「這樣啊？沒關係，爸爸媽媽不會有惡意的。」或者責備的：「你在亂說什麼？不可以這樣汙衊自己的父母！」這對孩子而言，都會是相當大的傷害。

蘇珊・佛沃認為，性侵害受害者所受到的傷害不全然視生殖器插入與否，更包括了在遭受侵害以後，好不容易鼓起勇氣想要面對這一切，想再一次對信任的人求助，卻又「**被最信任的人背叛**」。

在部分的家庭裡或許不會出現這類型嚴重的侵害，然而，父母讓孩子在關係中感到被背叛與不知所措的情境卻不少見。

其中一種現象就是父母要孩子「選邊站」。

我到底該聽誰的？

當父母各持己見、僵持不下時，經常要孩子選邊站，為自己的價值觀背書。另外，我也常在公共場合看到父母問孩子：「你比較喜歡爸爸？還是比較喜歡媽媽？」孩子在不得不的狀況下硬著頭皮做出選擇，被孩子「雀屏中選」的那一方沾沾自喜，落選的那一方可能表現出懊惱，對孩子說：「枉費我對你這麼好。」

大人或許只是出於玩笑心態，但對孩子而言，這種選邊站的行為卻讓孩子相當難為。

在一些夫妻失和的家庭裡，孩子被捲入父母之間的戰爭。父或母其中一方命令孩子：「如果你知道我有多委屈，如果你夠懂事，就不要跟你爸（媽）太靠近，以免變得跟他（她）一樣！」

孩子對一方表達忠誠，就必須與另一方對立。當他表現出其中一方所滿意的「成熟、懂事」，卻會被另一方視為背叛、不懂得感恩。對於同時深愛著父母的孩子，面對這種狀況，怎能不感到痛苦呢？

尤有甚之，有些父母給了孩子這樣的指令後，竟然在孩子「聽自己的話」表現出與對方疏離、對抗的行為後，反過來指責：「你怎麼可以這樣對你父（母）親？大人的事情，大人解決就好，你們小孩子不可以這樣對你的爸（媽）。」

聽到這些話，身為孩子的你，會不會感到無所適從、頭昏腦脹？往後再遇到這樣的事情，你會不會對父母的情緒有所質疑，並且選擇袖手旁觀，以確保自己能夠全身而退？

這種情境令孩子痛苦的原因還有一個：角色混淆。

當父母其中一人拉著孩子批評自己的伴侶時，他彷彿將這個孩子化身成自己的伴侶。那一刻，他突然要變身成一個大人，必須承接那些他可能還無法理解的恩怨情仇，接收來自大人的情緒。

但當這個孩子好不容易將自己想像成是一個大人，用他所接收到的訊息來做反應，疏遠或攻擊他的另一位至親時，卻被原本這個抱怨的父或母斥責，再次貶回孩子的角色：「你只是一個孩子，做你該做的事情就好，不要沒大沒小。」

這些大人不僅把孩子捲進夫妻衝突，同時也造成孩子角色的混淆。

「囝仔郎有耳無嘴，聽過就算了。」有些大人會這樣替自己的行為辯解。他們認為孩子只是聽一聽就算了，不會有什麼影響。

有這種行為的父母，往往沒有把孩子當成是一個有智慧、有感受的生命體，而是將他們用來作為發洩情緒、傾訴痛苦與委屈的機器。

只有機器才能不帶感情地啟動開關後，才開始運作，並且在按下關機鍵後，不留任何痕跡。但孩子不是機器，他們是活生生的人，他們聽到自己最深愛的兩人批評對方時，無法只是當成與自己無關的八卦，也無法不做任何反應。

大部分的孩子在這種「聽或不聽都不是」的情境下，只好採取壓抑的策略，動用許多能量來欺騙自己一點都不痛苦；有些孩子告訴自己：「這世界的大人都是虛偽的、都不值得信任。」有些孩子則在心裡偷偷地期待趕快長大，趕快離開這個家，這樣他就不需要再承擔父母衝突的情緒，也不需要再擔任這兩個大人用來攻擊對方的打手。

對關係失去信任

另一種對信任感與安全感極具破壞性的行為，就是家庭暴力。家庭暴力不僅侷限於我們都熟悉的身體虐待、忽略照顧，也包括了更普遍，卻極少被重視的精神虐待。許多孩子並沒有遭受肢體上的暴力對待，但他們卻長時間忍受著父母透過語言或情緒暴力加諸在精神上的折磨。

無論是父母對孩子的親子暴力，或者是父母彼此之間的婚姻暴力，看在孩子的眼裡，最信任的家人非但沒有保護彼此，卻將微笑與禮貌留給外人，然後用最難聽的語言與暴力行為來對待彼此。這樣的現象讓孩子對人不信任。為了求生存，也可能努力隱藏自己的需求，用討好的姿態來與人互動。

有些父母準備責打孩子時，會命令另一個孩子去拿棍子，殊不知這對去拿棍子的孩子而言卻是相當痛苦的。

雖然被打的人不是他，但如果他真的去拿了棍子，就成了幫助父母對自己手足行刑的劊子手，而他若敢不從，下場肯定也不太好。

父母當然清楚這個命令會讓去拿棍子的孩子感到不舒服，因為那正是他們的目的之一。他們透過這個命令恐嚇孩子：「如果不想像他一樣被打，你最好是乖乖聽話。」可是父母或許沒想到，**這樣的不舒服不僅威嚇了孩子，卻也同時讓他對手足感到愧疚、對人不信任，也厭惡軟弱的自己**。

有些父母在覺察到孩子可能受到的傷害之後就會立刻停手，但也有些父母在這過程中，體驗到意料之外的樂趣：原來只需一句話，就可以讓孩子變了個人似的，驚嚇不已、乖乖聽話。

享受過這種語言帶來的威力之後，這些父母像是掌握了控制孩子的祕密開關，時不時就按下啟動鈕，不僅能迫使孩子去幫自己做事情，也滿足了自己童年時期鮮少擁有的能力感。

從未伸出援手的父親

已經數不清有多少次，當郁庭在夜裡突然被母親一掌摑醒，揪到地板大罵時，她相信父親與弟弟應該也被吵醒了，她總是期待會有人走出來制止母親瘋狂的行為，但這份期待卻一再落空。

即使比起母親，父親平常的確很疼愛她，可是她卻從來沒有得到父親伸出援手。

念高中時，某次當母親發洩完情緒，外出逛街時，她鼓起勇氣向父親哭訴這一切，沒想到父親的回應卻是：「妳也知道媽媽是這樣的人，妳就聽話一些，別讓她常常生氣。」「有時候大人會發脾氣，也是不得已的，妳要學著體會妳母親的心情，忍一忍就過了。」

從父親的回應當中顯然可以發現，他不僅知道郁庭一直以來遭受著傷害，也等同於默默縱容母親的暴力行徑。

父親或許有自己的無奈，或許不知道如何制止妻子的行為，或甚至藉由郁庭作為轉移妻子憤怒情緒的焦點……種種原因，但他卻沒有盡到保護孩子的責任，讓她長時間承受母親的暴力對待。

從那一天起，郁庭放棄了被拯救的希望，她不再相信這個家裡有誰會伸出援手，也不認為自己有力量改變這個家。

如果想要保護自己不再遭受母親的暴力，唯一的方式就是上大學後搬到外面居住。她下定決心要打工支付自己的學費，養活自己。她思考打工計畫的時間，遠比準備大考的時間還多。即使未來的生活再怎麼艱辛，都不會比現在還要來得痛苦。

三、充滿矛盾的訊息

充滿矛盾的訊息可能透過語言或非語言的形式來傳達。接收到這類訊息，經常令人摸不著頭緒，必須耗費許多力氣去猜測說話者真正的想法到底為何。

這樣的語言對於認知思考能力還不成熟的孩子，往往因為無法判斷，誤解了說話者的意思，做了不符合的回應而遭到處罰。

另一方面，在權力關係中位置相對偏低的一方，例如員工與老闆、子女與父母、學生與老師，也因為對於權威的恐懼而不敢追問清楚，因此經常處於不知如何是好，卻又不敢開口確認的困境。

這種充滿矛盾的訊息，大致可分為「雙重束縛」與「被動攻擊」。

（一）雙重束縛

具有雙重束縛（double-bind）的語言會讓接收者陷入進退兩難的困境。

例如，當孩子因為考試成績不佳受挫、難過時，父母對孩子說：「沒關係，不要在意。下次我們更努力，把分數拚回來就好了。」孩子聽到這句話，往往不知道該如何反應，家長也困惑為什麼孩子好像接收不到自己的安慰。縱使孩子的情緒稍稍平復，卻也無法減緩他們對於失敗的在意。

這就是典型雙重束縛的語言。**父母雖然一開始說「沒關係、不要在意」，但後面卻接著「下次要更努力把分數拚回來」，這兩句話是互相衝突的，孩子究竟要接受哪一個訊息？**

又例如，孩子在未成年之前，父母總是稱讚那些乖巧順從又聽話的孩子，彷彿這些孩子集孝順與懂事於一身。但升上大學以後，父母卻又開始抱怨他們沒有自己的想法，凡事好像都在等待別人來告訴他們方法或結論。然而，獨立思考的能力是需要經過練習，而非在個體成年的那一刻突然就自動長出來的。

試問，在這種情境下長大的孩子，他究竟是要有自己的想法，或者不要有自己的想法？另外，像是前面提到的父母要孩子選邊站，或者要孩子聽自己對另一半的抱怨，卻不能對對方表達出負向的情緒反應。有些孩子為了避免對父母產生負向情緒，選擇制止正在批評的那一方、表達不想聽的意願，這樣做的結果又是如何呢？

原本你以為只要不聽、不參與，就可以藉由客觀的立場避免受傷，但這樣的選擇卻依舊可能招來責備：「對家裡的事情不聞不問，你對這個家還有參與感嗎？你還有向心力嗎？」「我的辛酸都沒有人能夠理解，養你這麼久，連你也不願意聽我講一講。」

在生活中，雙重束縛可能會以這些樣貌出現：

1「你可以自己訂業績目標，但若沒達到某個門檻，就要小心了。」

2「我沒有要命令你的意思，但我必須告訴你……」

3「你可以選擇不聽我的，但發生了什麼事，後果你得自行負責。」

4「我叫你不要有壓力、輕鬆做就好，結果你還真的準備得很輕鬆啊？」

5「我說你遇到問題可以來問我，結果你還真的什麼問題都跑來問我？」

6「不要問我工作有哪些，把你認為本分該做的事情做完就對了。」

7「每次都是我提出要求，你才關心我。這不是真正的關心。」

8「我們都是愛你、為你好，才會這樣對你呀！」

9「如果你是真的愛我，就該預先想到我沒想到的部分。」

10「我說這些難聽的話，不是為了要傷害你。」

在郁庭的案例裡，當女兒有好成就時，身為母親或許也會開心，卻同時也有一部分感到忌妒。

這種忌妒的心理動力很隱微，不容易被發現。**母親的這份忌妒有可能來自於成長過程中，從來沒有被正向肯定或鼓勵的經驗，那種匱乏與憤怒就會投射在女兒身上**：「從來沒人肯定我表現得很好，憑什麼妳可以得到？」「妳再怎麼優秀，也只是我生的，不可能超越我。」

不知情的孩子因而陷入困惑：「那我到底是要表現得好，還是要表現不好？父母才會滿意，才不會罵我。」

家族治療的策略學派學者貝特森（Gregory Bateson）**認為，雙重束縛是造成思覺失調症（原為精神分裂症）的主要原因之一**。事實上，我們在這本書裡提到許多讓孩子動彈不得的語言，都與雙重束縛脫離不了關係。

如果心理師或輔導老師沒能辨識出這種充滿陷阱的語言對個人造成的負面影響，就企圖直接對這些孩子進行輔導或者改變他們的行為，結果往往會令自己相當挫敗。

父母的焦慮，養出「有問題」的孩子

面對因為各種偏差行為或心理症狀被送來與我談話的兒童與青少年，我通常會要求先與他們的父母或老師至少進行一次會談。

有時候大人會困惑地問：「有問題的是孩子，為什麼要跟我談話？」「如果要蒐集資料，我填寫的表格不就有了嗎？」

實際上，我的目的是在諮商之前，先行評估這些大人如何看待孩子與問題之間的關聯，藉以了解孩子身上的「問題」是否與大人的觀點和價值觀有相關。令人無奈的是，我在與這些大人互動的經驗中，經常觀察到很類似的模式。

我常看到焦慮的父母將內在的不安與擔心投射在孩子身上。

他們透過微不足道的線索，推測孩子在學校一定受到嚴重的霸凌，可能患有自閉症或憂鬱症、過動症，或者有其他的學習障礙。一旦形成這種假設，他們會用力抨擊學校不用心，與班上同學和老師採對立態度；或者頻繁地帶著孩子就醫，倘若這間醫院的診斷不符合他們的假設，就再找尋下一間醫院……

透過這些近乎瘋狂的行動，他們終於找到一些可以做的事情，並且藉由做這些事情稍稍減緩內在的焦慮感受。**帶著「充滿問題」的視框，孩子原本再自然不過的行為或情緒反應，都會被誤解為是環境的迫害，孩子是有「病」的。**

萬一學校或醫院有不同於父母的觀點與判斷，或者無法配合他們的要求，他們就更堅信自己原本的假設：這個世界果然充滿了敵意，我的孩子的問題果然不容易處理。那麼，他們就更加投入在自己認為需要執行的行動上。

他們將自己內在難以忍受的焦慮投射到孩子身上，不願接受孩子們拍胸脯保證：「我真的沒事，我只是想抱怨一下。」「我長大了，可以自己上學。」「老師只是念我幾句，他真的沒有當眾羞辱我。」他們不僅將孩子當成易碎品來撫養，也把孩子養成內心所「期待」的有問題的樣子。

尚未長出成熟判斷力的孩子，可能全盤吸收了父母灌輸的概念：認為自己是沒有能力的，深信自己終有一天會被這個危險的世界吞噬；成熟一些的孩子，因為孝順而不忍對抗父母無微不至、近乎控制的照顧，卻又苦於無法長出自己的力量。

面對這樣的情境，身為心理師的我經常感到困惑：「你真的希望孩子的偏差行為或特殊狀況消失嗎？」

如果父母可以覺察到是自己內在的焦慮主導著這些問題持續發生，類似的狀況就有機會改變。可惜這些大人正因為缺乏自我覺察的能力，才讓這種難受的焦慮有機會在內心逐漸茁壯，成了一頭無法控制的野獸。

不幸的是，我們的環境傾向信任父母或大人所講的話。學校的老師、心理師或社工師或許是擁有與家長相同的道德價值觀，或許是擔心破壞了與家長的關係，他們對家長說出來的各種偏差行為、症狀深信不疑，迅速地將問題的焦點擺放在孩子身上，全心全意想要「消滅」孩子的情緒或行為問題。

助人工作者必須相當謹慎：一旦抱持這樣的觀點，無論多麼積極介入，對這個孩子提供教育或輔導，這些症狀不但不會消除，父母也可能表現出抗拒合作的矛盾態度。

因為對孩子來講，維持這些行為與症狀正是他們用來符合父母期待的聽話行為；而對這些父母而言，雖然他們理智上覺得孩子應該要「變好」，但當你要消除這些他們「創造」出來，讓自己降低焦慮的狀況時，他們潛意識裡的焦慮將會再度升高，迫使他們做些事情（或不做某些事情）來避免這樣的狀況被改變。

這過程完完全全就是令助人工作者動彈不得的雙重束縛：如果你不答應幫他改變孩子，就代表你是一個失職的老師或心理師；如果你答應他一起改變孩子，就代表他潛意識想要維持的現況，即將被打破。

這就是為什麼在校園或諮商情境裡，當心理師、老師與家長約定一起合作協助孩子時，有時候父母滿嘴答應，但實際上根本不願意合作，不願執行共同討論好的計畫。

（二）被動攻擊

與雙重束縛不同的是，被動攻擊不需透過充滿情緒的語言或行為，它可能是溫和的一句話，也可能是靜默不回應，又或者是拖延答應你的事情。

相較於「雙重束縛」常常讓人在當下不知如何反應，「被動攻擊」則可能瞬間扯斷你的理智線，讓人感受到窒息般的不舒服。

當一個人採取被動攻擊時，他表面說的話與內心所想的會呈現不一致的訊息。接收的人除了無所適從之外，也會被引發罪惡感、愧疚感，或者覺得自己很沒有價值。這些語言的背後，隱藏著另一層說話者真正想要傳達的訊息，而這些訊息最大的共同點就是——攻擊對方。

大部分的被動攻擊並不容易被辨識出來，像是：

1 父母對孩子說：「對啦，我們老了，難怪沒辦法知道你們年輕人在想什麼。」

2 父母對孩子說：「這些事情還要我講啊？我以為你都有在關心我們呢。」

3 父母表示尊重你的想法，但當你說出想法時，他們卻用不置可否的表情道：「沒關係，你如果覺得這樣好，那就這樣吧。」

4 當你規勸他將房子裡囤積過多的東西回收掉，他完全不回應，或者答應了卻從來沒整理過。

5 父母答應孩子偶爾休息一天、帶孩子出去玩，卻總會在出發的前一刻出現不得不取消的因素。

6 父母對別人表現熱絡的互動，轉過身卻刻意冷落孩子，將孩子視為不存在的空氣。

接收到這些訊息的人，會感覺到自己不夠孝順、不夠用心理解對方、覺得自己的努力很愚蠢、覺得若繼續堅持己見就是不懂事，以及感到自己是沒有價值的。

為什麼面對被動攻擊會令我們如此痛苦？

因為這些回應方式表面上經常包裝成善意的關心、溫和或靜默的反應，由於你在表面上看不出有任何惡意，因此也難以理直氣壯地回絕。

如果沒能辨識出這些回應背後的確夾帶某些敵意，我們可能會將這種不舒服反過來責備自己：「別人明明就是關心你，你為什麼不開心？」

在郁庭與母親的相處裡，還有一個令她非常痛苦的情境。

母親經常「關切」她是不是有和男友發生婚前性行為。如果郁庭否認，母親就用戲謔的口吻說：「是妳引不起別人的性慾？還是對方性無能？這種男人，妳也要嗎？」倘若郁庭回答有，母親則會幽幽說道：「唉，都怪我不會教孩子啦，還沒結婚就急著去給別人糟蹋。我真是個失敗的母親啊……」

這種語言當然也有雙重束縛的成分，但更糟糕的是，母親的詢問實際上是帶著戲謔的語氣以及蓄勢待發的攻擊。

「關心」只是她作為偽裝嘲諷女兒的起手式，不論郁庭怎麼回答，她都已經迫不及待要酸上幾句。

為什麼有些人習慣使用被動攻擊的方式來溝通？很可能是因為他們：

・**難以處理負面情緒**：他們缺乏適當的表達方式，或許是不敢表達，或者不知道該如何表達自己的情緒。他們很容易因為一些小事就覺得不舒服，卻沒有辦識這些情緒的能力，也不知道自己真正在意的到底是什麼。

・**偏低的自我價值**：他們的自尊低落，有可能來自於被忽略、被嚴格對待、被批評的童年經驗，以至於經常覺得自己是沒有價值的，別人不會真正接納自己。他們通常會挑選那些比自己弱勢的人加以攻擊，看著他人的不舒服，進而感受到自己的優越。

・**無法表達需求**：他們無法確切知道自己想要什麼，不敢把自己的需求講出來，他們擔心要是袒露真實的情緒或需求，會將自己的脆弱擺在他人面前，因而讓自己受傷。

・**習慣指責**：為了迴避內在脆弱的自我，他們難以面對自己的需求與情緒，因此將自己無法接納的部分都往他人身上丟。指責別人的不是，認為都是別人愧對他們，要別人為他們的情緒負責。

四、錯誤的設定：我是一個沒用的人

山中康裕在《哈利波特與神隱少女》一書中曾提到，**人類有兩項很重要的能力：防護力與感受力**。防護力是指一個人的自我意識，知道自己要什麼、能夠堅持自己的想法、能夠保護自己，不容易被他人所影響；感受力則是一個人對於周遭環境的敏銳度，與自己的內在對話，感受到內在情緒感受的能力。

那些長期生活在充滿肢體或精神暴力家庭的孩子，經常無法發展出足夠的自我防護力。為什麼呢？

試想：一個人面臨危險時，最重要的行動是什麼？可能是逃跑，也可能是抵抗，藉此反應來保護自己。但是，當大人憑藉「我是你的父母」這種看似理所當然的理由，對孩子施以身體或精神上的暴力對待，並且欺騙孩子「我是為了你好，才這樣對你」、恫嚇孩子「敢抵抗就是不知反省、不聽話」，孩子在這樣的情境下不管怎樣，也只能接受、服從父母「對自己施暴」，然後無意識地剝奪掉自我保護的能力。

孩子們無法辨識那些落在自己身上的暴力對待，很多時候根本與自己無關，而是因為父母本身的創傷經驗、情緒化、失控行為。

他們會對父母感到恐懼，卻不會厭惡父母。他們會將厭惡的情緒轉而指向自己：「都是我不乖、不聽話，才讓父母生氣。」「我被打是活該，因為我管不好自己。我真是沒用的人。」

我發現，這些孩子雖然防護力降低了，但感受力卻變得敏銳。例如，透過觀察大人的臉色來決定自己的行動，仔細記住某一個會引起大人情緒的行動。

本章提到的孩子相當辛苦，因為他們根本沒有一套用來預測大人反應的準則。這些孩子為求生存，必須長出對環境觀察與適應的敏銳力；因為孤獨與無助，或許只能與自己的內在對話，忍受內在痛苦而衝突的情緒感受。他們的感受力就在這種既痛苦，卻又不允許用外顯行為來保護自己的狀況下，慢慢地茁壯。

相較於那些從小就生活在身心皆受完整保護、被父母充分接納、父母的行為能回應他們的需求（而不是因為情緒化）的孩子，他們的內在世界充滿了困惑、恐懼、黑暗，因而感到惶恐不安。

父母當然也不會喜歡有這些負面情緒的孩子，因此，他們往往不認為自己是一個可愛的人，不覺得自己是有用的人，他們對於「連自己都保護不了」這件事，感到相當挫折與無奈。

負面的循環

為了消除這種不舒服的感受，有些孩子發展出破壞或偏差的行為；有些孩子則出現憂鬱、傷害自己、失去活力的狀態。不幸的是，這種表面上看起來負面的行為，又讓他們再度被他人（或自己）責備，從而形成負面的循環。

長時間被控制、被剝奪自主權的孩子無法長出健康的「自我效能感」（self-efficacy）。自我效能感是指個人對於自己能力能否完成某些事情的主觀判斷，一個自我效能感高的人對自己有自信、勇於面對挑戰，也敢於接受失敗。

相反地，自我效能偏低的人不認為自己是有能力的，他們經常還沒嘗試解決問題就認為自己一定會失敗、會搞砸事情、會惹得大家不開心，因此他們也經常處在無能為力的狀態裡。

為了擺脫這種長久以來的無能感，有些孩子會發展出近乎強迫的控制行為，竭盡所能安排生活中的每一件事情，用控制自己與他人的方式，以防堵預料之外的事情發生。

有些人則發展出與父母類似的模式：透過雙重束縛、被動攻擊來對待別人。他們藉由讓別人感到無能、挫折來感受到自己的能力，填補小時候那種總是只能被控制、任人宰割的無力感。

即便如此，他們並不會從這種控制或傷害他人的行為中獲得真正的能力感。因為別人不會喜歡他們，頂多只是勉強與他們互動，其他人則是投以負面的回應，並且選擇攻擊或遠離他們。

最終，他們依舊無法獲得一段健康的關係，只能看著身邊的人逐一離去，而這種孤單的感覺，又讓他們重溫童年時期那種被大人傷害、不知道如何是好的無力感。

第五章

展開求生的行動

第五章、展開求生的行動

人在遭遇危險時，會本能地做出各種反應，這些反應包括了表現在外的具體行動，以及內在隱而未顯的思考活動。無論是哪一種行動，都只有一個共同的目的：「**改變現況，讓自己平安活下去**。」

有些求生的行動意圖很明顯，容易被辨識，有些行動則難以辨認，甚至被誤以為沒有動作；有些行動能夠為個人帶來正向的結果，有些行動卻可能導致自我毀滅，令人感到匪夷所思。

關於改變現況的行動，有時候我們並沒有經過審慎的思考規劃，僅是出於充滿負面情緒的直覺反應，因此也難以預測行動後的結果，無法掌握之所以成功或失敗的原因；有時候，連我們都誤以為自己「很沒用、什麼事都沒做」。其實你未必什麼都沒做，只是沒有清楚掌握自己到底做了什麼。

由於我們缺乏一套適當的求生策略，所以在行動的時候就會覺得心慌意亂，難以評估行動之後帶來的成效，也無法堅持想要改變的決心。

第二至第四章討論的孩子長時間承受著難以言喻的痛苦。這一章，我們要來探索這些在家庭裡受傷的孩子，通常會出現哪些反應。他們會用哪些行動改變現況，而這些行動，是否真能達到自我保護的效果，以及更重要的是，如果你想改變現況，也希望自己的行動可以帶來一些正面的效果，應該要具備哪些心理準備。

一、「求生」是與生俱來的本能

如果長期被困在一個感受不到自己的價值，動不動就被罵、被比較、被諷刺，怎麼做都不對的環境，你將會做出什麼行動？

前陣子有一則新聞報導，一位動物保護人士在廢棄工地裡發現一隻小黑狗被困在裡面，當他翻過圍牆要抱出小狗時，才發現怵目驚心的畫面：牆壁的內側布滿了小狗試圖逃脫時留下大大小小、新舊並陳的血爪印，可想而知，小黑狗的四條腿在掙脫的過程中受了不少傷。

這是一個不管怎麼選擇都痛苦的情境。

繼續留在原地可能會死亡，嘗試逃脫的舉動，也會讓自己受傷。但比起遭受囚困的窘境，生物寧可承受傷害，也要離開這個讓自己不自由的空間。這與許多在家裡受了傷，想要逃脫的孩子非常相似，但這些孩子的處境卻可能更糟糕。

原因有二：

第一，這些在家裡受了傷的孩子即使長大成人，依舊期待著能夠得到來自於父母的愛，即使再怎麼受傷、痛苦，也無法憎恨自己的父母。

他們選擇忽視父母的所作所為，忽視自己受的傷，以便維持心裡面那個對於家的美好形象，即便那是一個根本不存在的幻象。

第二，許多人之所以忽視或否認家庭對自己的傷害，是因為無法看見在成長過程中，父母的語言是如何對我們造成影響。我們總以為自己適應得很好，沒有受到什麼負面影響，因而也忽略了求救的機會。

在成長過程中，經常在與父母的互動中感到無地自容、忽略自我、無所適從的孩子，通常不會認為自己曾因為父母而受過什麼傷，頂多就是「因為意見不合而和父母吵架」而已。

「都怪我自己當時太衝動了。」「哪一個家庭不會吵架呢？」「爸媽辛苦撫養我們，這些我都看在眼裡。」他們總是這樣回答。而當你想繼續引導他去看見父母的某些作為的確對他造成一些傷害，他可能會拒絕繼續討論：「別說了，不可以這樣講自己的父母。」

即使他們這麼想，也時時提醒自己「父母都是為了我好」，但那些在親子互動中所受的傷，卻會因為沒有被清楚辨識出來而讓人感到不舒服，並且使用不適當的方式宣洩。

家庭暴力的循環歷程

學者沃克（Walker）提出家庭暴力通常會呈現三階段的循環歷程：

1 **緊張期**：施暴者因各種因素，內在不舒服的感受持續上升，情緒張力逐漸緊繃。

2 **爆炸期**：施暴者對家庭成員施加暴力行為。

3 **蜜月期**：施暴者對自己的暴力行為感到自責與愧疚，為了懺悔而對受暴者表現出道歉與甜蜜的行為，以表達對受暴者的彌補。

接著會經歷一段平靜和好的階段，而受暴者在此階段可能會對自己受暴的事實感到困惑，燃起想原諒施暴者的動機。但這往往只是重複下一次暴力行為前的寧靜……

「愧疚感」是使施暴者短暫停下殘忍行為的原因之一，即使這種愧疚並沒有伴隨著真正的反省。

然而，對於從小就經歷著語言羞辱、情緒漠視、精神虐待等隱性暴力的孩子而言，他們幾乎沒有所謂的蜜月期。因為，他們的父母對於自己的言行舉止不會有自責或愧疚的感受，總認為這一切都是「為孩子好」、「為了求生活的不得已」，因此沒有必要做什麼改變。

相反地，被認為需要改變的往往都是孩子，他們被期待要提升抗壓性，必須更理解父母的辛苦與無奈，要學習更懂事、更聽話。

本書所提到的孩子幾乎都經歷著類似的情緒循環歷程：

1因為被父母否定傷害、忽略、控制而感到痛苦。

2雖然他很不舒服，但若有人提醒他可能是「受害者」時，他會覺得自己也有錯，不應該檢討父母。

3隨著時間經過，或者藉由父母偶爾釋出的善意與關心，情緒就能得到平復，並且提醒自己：以後一定要更乖、更努力滿足父母的期待，別讓他們不開心。

「施捨」的關心，無法帶給子女真正的安全感

由於孩子天生期盼著得到父母的關愛，即使他們因為父母的行為與回應感到痛苦、憤怒，但往往只要父母簡單的關心、示好，就又能夠讓他們盡釋前嫌，為父母毫無保留地付出，甚至責備自己太脆弱，否認自己的負面情緒。這真是令人遺憾的現象。

這種像是「施捨」的關心，絲毫無法帶給子女真正的安全感。這些關心或許只是因為父母心情好，是因為孩子滿足了父母的某些要求，或者僅僅是父母對自己言行的愧疚，而不是無條件的真誠關懷。即便孩子隱約能感知到這些關心是有條件的，但是「有」總比「沒有」好。如果做些什麼事可以換得這樣的關心，孩子是很願意去做的。

因此，**孩子之所以重複經歷這種痛苦循環，是因為他們內在有一個渴望：終有一天，父母一定能夠理解我的感受，他們會改變對我說話的方式，能減少對我的期待**。於是，痛苦就隨著這種想法在心裡持續累積。

即使前面談了不少關於父母對孩子有害的言行，你或許還是不免懷疑：父母又沒有虐待孩子，為什麼會讓孩子這麼痛苦？真的有這麼嚴重嗎？對於這些不討喜的訊息，已經長大的我們只要提醒自己：「父母講的都不是真的、不要太認真、當作沒聽到。」不就好了嗎？為什麼別人的話，我們都可以一笑置之，偏偏父母說的話、做的事，我們就會往心裡去？

別忘了，正因為父母是我們最親近與最信任、最期待得到愛的對象，因此他們每一個回應的內容、語氣、眼神，對我們都顯得特別有分量。所以你無法假裝沒聽到，當成耳邊風。

孩子無法如實地做自己

除了父母在孩子心中的重要性之外，還有一部分的痛苦是來自於父母的回應，讓我們無法如實地做自己。

每一個孩子都有屬於自己的本質、興趣與能力，為了滿足父母的期待，我們被迫與內在那些真實的需求和情緒區分開來。這意味著在這個家裡，**如果你想被愛就得放棄做自己；如果你決定做自己，那就得失去被愛的權利**。

壓力與負面情緒像是一座水庫，一端缺乏了洩壓裝置，另一端卻不斷地進水。時間久了，一旦蓄水量超越承載的能力，水庫失去了調節的功能，龐大的水量就會衝破防護牆、潰堤而出。為了避免因為失衡而感到痛苦，生物不得不做出一系列的反應來保護自己。

美國生理學家坎農（Walter Cannon）提出「對抗或逃跑」（fight or flight）的理論，其發現生物在面對危險情境時，透過一系列神經與分泌激素的反應，將會採取對抗或逃跑的反應，藉此保護自己的安全。

大部分的家庭並不會對孩子造成嚴重的肢體暴力或致命危險，但是當親子之間長久以來的痛苦與壓力已經累積至無法承受的情況時，很多人會在不自覺中開啟各式各樣的行動以求生存。

接下來，我們來看看「對抗」或「逃跑」，如何展現在我們想要擺脫痛苦，改變與父母互動的情境當中。

二、為求改變而對抗

「改變」是這群孩子內心最深處的渴求。他們不滿意家裡數十年來的衝突狀態，不認同父母對待他們的方式，不喜歡家裡劍拔弩張、一觸即發的低氣壓，所以他們想要透過自己的力量來改變這一切。

這種渴求很可能相當隱微，就連當事人也難以清楚覺察，無法看懂自己的努力，是想幫助自己的家庭有所改變。

對抗的行動，大致上可以分成「破壞性」與「建設性」兩種類型。

（一）破壞性的對抗

舉凡這個文化所不認同的行為，例如偷竊、說謊、打架、飆車，與大人頂嘴、不顧大人的勸告，堅持做自己想做的事情等等，經常都被歸類在這類型。

除了被認為是偏差行為之外，孩子這麼做的目的是什麼呢？

許多孩子經常透過各種偏差行為，使得經年累月爭吵、意見分歧，甚至互不往來的父母，為了他闖的禍，必須出現在同一個地方（通常是學校或警局），而且就算當下父母是生氣的，但生氣的對象也是孩子，而不是彼此。

看著爸媽這種不同於以往的互動方式，孩子終於比較安心：「至少他們不再把炮口朝向對方，也幸好他們還是關心我的。」孩子透過這種行為，確認對父母感情的穩定程度，以及他們對自己的關心。

有些孩子彷彿什麼事情都要和父母據理力爭，搞得父母精疲力盡。但他們其實是想告訴父母：「我是有能力的，你們可以認同我嗎？」「我的想法是可行的，你們可以試試看我的方式嗎？」「你們的生活方式會對自己造成傷害，我真的很擔心你們。」而這麼做的目的，是想得到父母的認同，想表達對父母的關心。

有些孩子透過拒絕上學、賴床、憂鬱，甚至是其他身體或精神方面的疾病，企圖讓學校、社工或家庭外的其他人找上門。這些行為的目的是讓外在系統介入，破壞家裡長久以來低沉卻又難以打破的僵局，逼使終日待在家裡鬱鬱寡歡、沒有活力的父母必須起身做些事情，因而「長出」活力。

家族治療當中的「代罪羔羊」

不幸的是，因為情緒化、唱反調的激烈舉動，經常讓這些孩子被貼上衝動、講不聽、壞脾氣、難溝通的標籤，然後被認為是「有問題」的。也因為有問題，所以被認為需要改變、被治療的是他們，而不是家裡的其他成員。

這些人接受教育或輔導的時候，都被告誡：「以後表達想法時，要溫和而委婉，不要輕易生氣，要體諒父母工作的辛苦。」但這種勸告的方式注定是事倍功半，或者以失敗收場。因為這些看似負向的行為背後，都在表達著他們充滿無奈的渴望與期待。

我們表面上看似要協助他們，實際上，只是想要消滅他們不被大人期待的行為，而不是好好地去理解他們的情緒與需求。

這些人就是家族治療當中所謂的「代罪羔羊」：因為承受著家庭內部的壓力與痛苦，因為想要改變這一切，而讓自己出現許多症狀，進而成為家庭問題的罪人。

只要整體環境沒有改變，這些人的行為也會維持原狀，甚至更加嚴重。**在這種被標籤化、被斥責的環境底下，個人如果無法覺察自己行為背後的動機，很可能會在無意識的狀態下，認同了環境所賦予的負面標籤，從而形成對自己的負面認同。**

如果你很困惑：「這些人為何如此衝動，為什麼有話不能好好講就好？」或許你可以試著換個方向思考：「如果好好講就有效，誰會想用這麼辛苦的方式溝通？」

（二）建設性的對抗

如果上述的方式會遭到批判，那麼，接下來要談的行為就是經常被大人所「讚許」的了。

有些孩子從小就清楚把自己照顧好、不哭不鬧，便能得到父母的讚賞。有些較年長的孩子會主動做家事、照顧弟妹、提醒自己不可以想著玩耍，應該要更懂事一些。而這些行動的背後，其實是希望透過分攤父母的壓力與辛苦，減少父母因為疲累或工作壓力而吵架或冷戰。

有些孩子透過優異的課業成績、卓越的工作成就，努力地想要扭轉父母長久以來對自己的批評與指責。他們一直無法忍受父母掛在嘴邊的「那個某某某都比你好」，所以期待自己也能成為父母與鄰居聊天時用來炫耀的素材，讓父母有面子，也能夠獲得父母的認同。

有些成長在有暴力行為、父母婚姻破裂、親子關係緊張家庭裡的孩子，長大之後甚至選擇

（大部分的他們並沒有意識到自己為何做此選擇）成為助人工作者，例如律師、社工、教師，或者心理師。

他們在學習助人專業的歷程中，有更多機會可以認識家庭裡的問題，學習更多溝通與改變技巧。在學習幫助他人的同時，也希望可以扭轉自己原生家庭的動力，達到自我療癒的效果。

如果你以為這些孩子因為成熟懂事、溫和、積極向上，得到的回應一定會與前述那些衝動又難溝通的孩子大大不同，那就錯了。

正因為這些孩子顯得懂事、成熟又獨立，通常不太需要父母來擔心，所以在成長過程中經常被忽略。即使他們因為好表現而被稱讚，但大部分的時間因為他們總是「自動自發、無須讓他人操心、不會出亂子」，所以不太會被注意到。

這些孩子辛苦的地方在於，因為好表現可以為自己帶來正向的回應，於是他們從小就不斷地努力獲得各方面的好成績，以期得到父母持續的肯定。

而這樣的行為模式，讓他們成了無法休息的工作狂，因為**他們的價值完全來自於他人的肯定，而不是從自己的內在長出來的資源**，因此，唯有獲得成就才能得到他人的肯定，並且證明自己是個有價值的人。

緊握不放的希望

在用力對抗的行為背後，總有一顆期盼被理解、被安撫的心。

無論是破壞性的行動或是建設性的行動，這些採取對抗態度的孩子們內心深處的期待並無不同，也沒有對錯之分。縱使失敗多次，他們總是希望自己再努力一點、表達的強度再高一些、為這個家再多付出一些，父母就能停下來認真聽他們說話，就不會經常生氣，或許家庭氣氛會趨於和緩，也或許父母就有可能會認同他們。

那些用盡全力的吶喊、對抗、付出，其實是向父母討愛，希望獲得父母認同的行為。他們在心裡都還深深地期待著：這個家，還有希望。

三、因為無力而逃跑

相對於用對抗的態度來面對不滿意的情境，當個體評估自己應付衝突的能力不足，或者曾經對抗過，卻以失敗收場時，另一種確保自身安全的求生行動就是「逃跑」。

「家」是大部分的人來到這世界的第一個地方，也無庸置疑是相當重要的堡壘，那是人最期待可以得到關愛、獲得溫暖的地方。

沒有喜歡離家的人，只有負傷累累，必須遠離家庭以求自保的孩子。當一個人下定決定要離開這個家時，他的內在往往累積了滿滿的失望與受傷。

他們的離家是因為無法再承受家庭帶來的負面情緒，無法再吸收更多父母對他們的批評、指責，他們不再相信這個家可以給出溫暖和關懷。他們發現，在這個家裡提出需求是自私的行為，表達真正的想法是不懂事的，而追求自己的理想則會被視為叛逆。

關於離家的行動，也可以分成「和諧式」與「衝突式」兩種類型。

（一）和諧式離家

很多人在成長過程中因為升學、工作、婚姻等各種原因，「自然而然」地離開原生家庭。這種離家的形式普遍具備「正當」的理由，因此能夠為家人所理解與接納，而他們的離開，有時候還能獲得家人的鼓勵與祝福。

像是住在偏鄉的孩子畢業後到都市或外國繼續求學深造，在工作上被公司外派到海外駐點，因為婚姻而必須嫁到遠方的夫家，這些人的離家是為了「努力變得更好」、「作為某種角色該有的樣子」，這也是符合父母所期待的。

因此，雖然在離別的時候家人相當不捨，卻也能獲得他們的支持，當然也不至於破壞了彼此的關係。

這些人順理成章地「離家出走」之後，經常會以學業壓力沉重、工作加班忙碌、假日訂不到車票等說法，開始減少回家的頻率。

每到逢年過節，當家人問他們何時要返鄉時，他們的回應經常是：「我也想，但是因為……所以沒辦法。」

你可能會有些困惑：長大以後就該要獨立生活，另組自己的家庭，因此離家本來就是一件再正常不過的事情，不是嗎？

這句話本身並沒有太大的問題，但這些人的心裡隱隱地感知到，自己的離家並非是自願的、開心的。因此，當他的離家獲得家人的祝福時，內心反而是充滿失落與矛盾的。

那些「正當」的理由，只是因為時機成熟，或者刻意被用來作為逃脫枷鎖的合法手段。對他們而言，最期待的仍舊是繼續在這個家裡扮演孩子的角色，獲得童年時期一直沒有被滿足的愛與需求。

再者，**真正成熟的獨立，是一個人有權利選擇「要不要」回家，而不是因為習俗或責任「不得不」返家**。

這群並非真心想離家的人，他們對原生家庭其實還有著眷戀與期待，卻也經常擔心回家之後又得再次面對受傷的經驗，而選擇不回家也擔心會被家人指責，於是內心就經常上演回去也不是，不回去也不是的衝突戲碼。

（二）衝突式離家

舉凡蹺家、私奔，以及其他形式不告而別的離去（也包括因自殺離世）都屬於這一類。

大部分家庭的成員對於這樣的離家方式感到錯愕、不解、憤怒，家人或許能猜測到一部分他們這麼做的理由，但卻無法諒解他們用這樣的形式離開。

在韓國賣座電影《與神同行》裡，主角金自鴻因為自己對母親的行為感到強烈自責與愧疚，從年輕時就長年離家。他總是掛念著家裡的母親與弟弟，努力兼好幾份工作，省吃儉用，然後寄錢回家貼補家用，並且在寄給母親的信裡，騙母親自己過得很好。他也利用工作之餘躲在遠處，偷偷看著在菜市場做生意的弟弟與媽媽，藉此撫慰自己想家的心。

因為愧疚，他選擇離家。但弟弟卻從此強烈地怨恨他。

電視劇《花甲男孩》裡，花甲的姊姊花慧因為童年時期目睹父親暴力與不負責任的行為，內心積累了滿滿的憤怒與痛苦，也是在未成年之前就隻身到外地工作、生活，直到奶奶病危，才帶著雖然不願，卻又擔心會因錯過而後悔的心態，痛苦地回到童年生活的祖厝。

因為憤怒，她選擇離家。而她的弟弟與父親也對她感到不解與憤怒。而**這種「因為痛苦而離家，因為離家，卻又遭受更多非議」的現象，在許多中輟、蹺家的孩子身上，也經常能看到**。

他們不上學、不回家，熱衷於廟會陣頭，終日流連網咖或公園。理由很簡單，那些地方不會有人罵他、諷刺他、施加無窮無盡的期待；那裡有人陪著他度過無所事事的孤獨時光，一起聊聊被大人認為言不及義的話題。這些孩子擁有相同的生活背景，以至於他們能夠理解彼此那份一直沒有被理解的失落。

他們不像別的孩子一出生就成為家人關注的焦點，也無法像品學兼優的孩子在學校得到成就感，所以只好努力地從其他地方獲得他們想要被關注的需求。

除此之外，相較於有「正當理由」離家的人，許多未成年、還在就學的孩子因為承擔著家庭裡難以言喻的壓力與情緒，到後來因為痛苦而離家，卻飽受學校、父母、親戚、鄰居，用充滿質疑與負向評價的眼光來看待他們。

他們不但不被同理，甚至還被外界貼上蹺家、中輟、偏差行為的負面標籤，因而受到二度傷害。

選擇衝突式離家的人內在的痛苦很可能是難以想像的，那種痛苦之強烈或許是找不到貼切的語言來表達，也可能根本沒有對象能夠傾訴。

他們找不到冠冕堂皇的離家理由，卻又無法在這個家裡找到安放自己的位置，以至於當下除了逃跑之外，已經想不到其他更好的方法。

（三）被折磨或被遺棄，怎麼選擇都受傷

對抗或逃跑，與他們的身體是否待在家裡沒有絕對的關係，而是與當他們遭遇衝突的情境時，選擇直接面對，或者迂迴逃避的態度有關。請記得，這兩種行為沒有優劣對錯之分，僅僅是個人在面對痛苦時所做出的選擇而已。

有些人雖然長年與父母同住，但他們已經習慣將父母的指責與比較當作耳邊風般地聽而不聞，對家裡的衝突視而不見；忽視父母的期待，對自己的課業或未來抱持放棄的態度；更極端的狀況，像是忽視父母對自己在身體或精神上的傷害，否定家庭對自己帶來的壓力與負面情緒等等。諸如此類，即使他們身體還在家裡，但在精神層面卻早已遠遠地逃離這個家的互動範疇。

有些人很快為自己找到一個宗教信仰，提醒自己要放下、要感恩、要用愛來看待一切。

我認為這樣的行動必須相當謹慎，因為「信仰」本身沒有不好，但很多時候，我們並不是真

的認識這些宗教，只是期待透過宗教中的某些教義（而這些教義很可能又是符合傳統文化所推崇的）來幫助自己在痛苦當中找到一個出口，從中獲得「解脫」。

但**這種解脫，往往是藉由犧牲自己的感受、放棄自己的需求而換來的**。而這種行動的目的，**只是為了找到一些說服自我的教條、合理化自己遭遇到的傷害，避免因為對父母的質疑而引發更大的衝突**。

有些成年孩子雖然已經離家多年，自認可以過著不受原生家庭影響的生活，但因為擔心感情不睦的父母其中一方生病了沒人照顧，因此經常請假回家陪伴就醫，擔負起原本該是父母婚姻中另一半的角色；有些成年孩子一到假日，內心就立刻響起「不回家幫忙工作，就是不孝順」的警鈴；有些成年孩子原本已經有排定的計畫，因為父母的一通電話，再怎麼為難，也總是硬著頭皮更改或取消原定行程。

他們雖然身體離開了家，但實質上卻依舊深受父母的影響與控制。

值得注意的是，有一群成年孩子採取更激烈的行動，直接切斷與原生家庭的所有聯繫，他們不再回家，也拒絕用任何形式參與家務。

這種激烈舉動無可避免引來父母與家族親友的強烈譴責，他們往往被貼上忘恩負義的標籤，到後來，連家人也決定放棄他們。

這種看似背叛家庭、自作自受的行為，其實在個人的心裡往往是累積了許多沒有被理解的委屈和苦痛，以至於不得不使用的最終手段。

當他們決定與家人切斷連結時，真正毀滅的並不是家庭，而是他們自己。

因為，當這群人決定採取逃離的行動時，等同於放棄了被父母理解、認同，以及疼愛的機會。比起那些採取「對抗」的孩子，他們已經對這個家失去了希望。

這些離家的孩子帶著內心的缺憾，離開了原生家庭，即使他們將來也會創立自己的家庭，但他們就像是一片失根的浮萍，抱著一份鬱悶，在心裡永遠留下孤獨的一角。

四、擺脫無力感，尋找有效的行動

作家小野曾說：「你所反抗的，正是你所眷戀的。」正是因為你在乎、你渴望，所以才願意動用全身的力氣去對抗，或者去逃離，只為了讓這一切有所改善。可是當你發現，自己能夠做的都做了，這一切卻像一灘完全無法激起漣漪的死水，所有的希望彷彿被無止境的黑洞吸乾，你的世界陷入一片空無的死寂。

無論你做什麼，都被視為對這個家庭缺乏向心力的行為、辜負父母對你的撫養、違背父母對你的期待。

無論你跑到哪裡，或者編織出多麼完美的不回家的理由，你還是開心不起來。因為你騙過了家人，但終究騙不了自己。

什麼意思呢？

你或許沒有覺察到，不管你放了多少狠話、下定多少次決心，在你的內心深處，依舊住著一個希望父母會改變，能肯定你、鼓勵你的小孩。你期待有一天，他們終於發現你從小一直沒有被滿足的渴望，然後把你捧在手掌心呵護著，將那些你長年的失落好好地愛回來。

可惜的是，抱著這樣期待的你，將會在期待與受傷之間展開痛苦的無限循環。

「不回家，你就沒機會看見父母的改變，之前的努力都白費了呀！」長久以來的渴望，總是躲在內心的某個角落，當你決定要放棄一切的時候，悄悄地跳出來，在你耳邊質疑你的行為，提醒你不要因一時衝動導致前功盡棄。

「別傻了，這麼多年來，哪一次回家沒有發生衝突？」你拍拍自己的臉頰，用過往的負面經驗提醒自己回到現實。

「說不定……」內在的聲音不放棄地勸進你：「說不定今年真的會不一樣呢！你不是想了很久，要勇敢地對父母說出你的感受嗎？」

「最好是！每次講出自己的真心話，只會被罵而已。你忘了去年的慘況嗎？」你再一次反駁自己內在的聲音。

「不一定啦。說不定上次是你說話的口氣不好，或者爸媽沒聽清楚而已，你再用心一點、好好講，說不定事情就會不一樣……」

就這樣，你在理性與渴望、現實與期待之間，永無止境地互相拉扯。

心理學有一個概念，叫做「習得無助感」（learned helplessness）。心理學家將實驗室的小白鼠關進鐵製的籠子，並且不定時施以通電。小白鼠一來因為不管怎麼跳、跳到哪裡都會被電到，二來因為不定時的通電，小白鼠無法預測痛苦什麼時候會降臨。到後來即使心理學家調低電量、頻率，牠們都選擇待在原地，坐以待斃，甚至連實驗者將籠子的門打開，有些老鼠也放棄了逃離的行動。

這種情況與前面提到的「對抗或逃跑」是很相似的。

無論是對抗或逃跑，你的心依舊「住」在這個家裡，依舊深受這段關係的壓迫與傷害；無論你怎麼努力，結果都是無濟於事。**當你面對這樣的狀況，時間久了，就會感覺到習得無助感。**

帶著沉重的無助感，有些人選擇自我放棄，藉由近乎漠然的情緒反應，讓父母持續用他們習慣的行為模式來傷害自己；有些人選擇斷絕家人關係，決定將自己與家人拉出一段遙遠的距離，

真正成熟的獨立，
是一個人有權利選擇「要不要」回家，
而不是因為習俗或責任「不得不」返家。

從此不讓家人越雷池一步。

有些人以為這些孩子性格冷酷、無情，不懂得感恩。事實上，那只是表面的行為帶給別人的誤解，而他們的內心存在著許多衝突：

- **想對父母釋出善意，卻害怕被拒絕。**
- **想對父母表達脆弱，卻害怕被嘲諷。**
- **想坦露真實的想法，卻擔心被責備。**
- **因為痛苦而想奮力改變一切，卻擔心被父母處罰。**
- **因為無力而想遠遠逃離一切，卻又害怕被譴責、被遺棄。**

為什麼會有這麼多的擔心與害怕？因為他們在成長過程當中已經累積太多受傷的經驗，以至於他們對許多大家認為理所當然的互動，卻是抱持著負向的預期。

這些孩子在成長過程中，經常會有幾種情緒交替出現：

- **憂鬱**：不相信這個世界有真正的愛，也不認為自己的努力可以改變些什麼。他們對於改變充滿了失望、對自己感到無力，甚至認同父母的觀點：我的確是一個不好的孩子、我不值得被肯定，這輩子脫離不了被數落、被貶低的命運。

・**憤怒**：對這個世界感到生氣，為發生在自己身上的事情感到忿忿不平，氣憤父母對自己的教養方式，也氣自己無法改變現況，無法保護自己。

・**自責**：覺得一定是自己還不夠好、不夠努力，所以才會被父母這樣對待。認為自己自作聰明、沒事找事做，早知道就不要採取任何行動，逆來順受就好了。

這些孩子不僅背負著他人的不諒解，內心也同時充滿了對自己的指責，對父母的愧疚與罪惡感。其實，不管是對抗或逃跑，往往是他們當下所能夠想到的最好選項了。但這些行動引發了父母的負面情緒，孩子一接收到這樣的訊息，很可能立刻感受到長久以來熟悉的害怕與擔心，因而選擇放棄繼續行動。

既然不管對抗或是逃離，終究還是會讓自己被責難，難道我們真的就只能接受現況、坐以待斃嗎？

當然不是。

想要「改變」，你必須要有的三個心理準備

「改變」是一條孤獨且充滿挑戰的歷程，在你決定開始改變現況之前，必須先做好這三個心

理準備，避免讓自己在這歷程中愈走愈恐懼，並且減少不必要的傷害。

1 你的努力，一開始絕對不會得到正向回應：

無論你打算採取什麼行動來改變現況，都要先清楚知道：當你開始行動時，勢必會動搖家庭裡原本的關係型態，以及多年來已經僵化，被視為理所當然的互動模式。

例如：你的父母可能已經習慣你的逆來順受，習慣用一句話就能呼喚你去完成某些事，可以用情緒化的行為來對待你。當你一反常態地頂嘴、反抗，或者不做任何回應時，這種改變會讓他們感到詫異、陌生，進而感到焦慮與不舒服。

他們絕對不樂見一個原本「好好的孩子」突然變了個樣，變得不聽話、沒禮貌、自以為是。你的每一個行動會被以負向的觀點作解讀，這時候你怎麼解釋都沒有用。對父母而言，你如果真的懂事，那就放棄想要改變的意圖，回復原本「乖巧聽話」的樣子。

如果你的父母在你表達真實想法後，願意與你討論、表達反省，那是相當幸運的結果。只是，絕大多數的回應都是冷言冷語、責備批評。因為當你誠實說出自己的感受，父母會覺得被你指責，也再度感受到童年時期被他們父母否定的那種負面情緒。

所以，不要期待你鼓起勇氣所做的改變會立即得到父母的肯定。你必須耐得住這種失落與挫折，才有辦法持續改變的行動。

2 改變需要給彼此時間、循序漸進：

冰凍三尺，非一日之寒。家人的互動模式是長久以來累積的結果，在改變的時候，也無法立竿見影。因此若你想要改變這段關係，記得給彼此更多的時間。

再者，行動的強度可強可弱。在某些充滿危險的互動模式裡，孩子因為難以承受的傷害，選擇一走了之，完全截斷與父母之間的所有連結，這當然是非常極端的情況。對大多數人而言，或許不需要走到這種地步。

如果你期待自己的改變能獲得父母的理解、接納，那麼你必須給自己，也給對方一些時間來適應。

請記得：從比較不會激發強烈情緒的行為或小地方開始改變。任一種改變都勢必造成不同程度的緊張氣氛，但是，盡可能避免無謂的衝突，也減少自己被傷害的機會。

例如：

- 從每週回家一次調整為兩週或三週回家一次，而非突然完全不回家。
- 從隨時都得接起父母的電話，調整為某個固定時段才接，或者待手邊正在忙的事情結束後才回電，而非完全拒絕聯繫。
- 從「完全聽話照做」調整為「表面答應，然後視自己的能力完成某些部分」，而非全然拒絕或

惡言相向。

• 對於惡毒的語言，以往你總是全盤接受或嚴厲反駁，現在試著練習「左耳進，右耳出」聽聽就好，無須認真看待。

3 **重視微小的進步：**

心理諮商相當看重「進步」的價值，**哪怕是自己認為微不足道的進步，只要能找到進步發生的原因，願意持續執行這些有效的行動**，「小進步將會累積成大進步」。這些小小的進步包括了「自己的行動」與「父母的反應」兩部分。

（1）**自己的行動：**

我們從小就被教導要謙虛，好還要更好，以至於我們很難鼓勵自己，看到自己的進步。如果能夠做到前述那些漸進式的改變，**請記得給自己一些鼓勵**，因為那一定需要很大的勇氣才能辦到。

萬事起頭難，一旦有了第一次，即使只是小小的行動，都代表你已經不同於以往，跨出那勇敢的一步了。

或許互動過程依舊會有委屈、害怕，但你卻沒有因而像以往那樣退讓、妥協所有要求。這種看似微小的改變，卻是大大的進步。

在行動之後，身體可能會伴隨著心悸、不自主的顫抖、腦袋一片空白，那是身體在鼓起極大的能量行動之後很正常的反應，畢竟你對這樣的行動是陌生的。但**你會發現，當情緒漸漸平穩下來之後，以往那種情緒被悶住、委屈與挫折的感受竟沒有以前那麼強烈**。

（2）**父母的反應：**

如果父母表達譴責與不滿，怎麼辦？請記得第一點說的：你的改變，一開始就難以獲得正向的回應，而「**讓父母滿意」也不是你尋求改變的主要理由**。

你之所以採取行動，最重要的目的是改變原本那種不被尊重的互動模式，為自己設立界限，表達需要被尊重的需求。

父母雖然對你的改變感到不滿，但只要沒有更進一步逼你就範，這就是最重要的回饋。

雖然你沒有辦法全然滿足他們的期待，沒辦法取悅你的父母，但你卻因而獲得了一些自己的空間，這是你在行動之後獲得的正向回饋。持續這樣的行動，就可以讓對方知道你的界限，也為自己創造更多自由的可能性。

時時刻刻將這三項重要的態度放在心裡，這將會持續提供你勇氣與毅力，鞏固想要改變的決心與行動。

第六章

為傷害設停損點：改變的前奏曲

第六章、為傷害設停損點：改變的前奏曲

挖掘事實會令你痛苦，卻也能為你帶來自由。——愛麗絲・米勒

那些你不去正視、不願接受的事實，並不會因為你否認就不存在。相反地，被我們漠視的負面情緒與感受往往會持續累積，並且促使我們透過不健康的方式來獲得紓解，像是暴飲暴食、各種成癮、自我傷害，或者轉向攻擊他人。

「咎責」可以讓內心積累已久的情緒，找到一個立即性的宣洩出口，這麼做一開始的確會讓你覺得暢快許多。但一味地指責、謾罵，對於漫長的自我療癒之路，絕對沒有正向的幫助。

罵到後來，你會發現能罵的好像都已經重複罵過好幾遍了，但內在的不舒服並沒有持續減少，那些令你痛苦的情境，也沒有改變。

如果你期待充滿傷害的互動模式能夠有所不同，就必須調整舊有的態度，並且採行不同於以往的行動。

現在，是時候為你承受的傷害設下停損點了。讓我們一起來看看，我們是否帶著某些對自己有害的態度生活已久，卻不自知？如何調整這些態度，才能幫助我們活得更健康？

一、改變，必須從「自我覺察」開始

「自我覺察」是指探索你的各個層面，幫助你更了解自己的行動。例如：你喜歡什麼？討厭什麼？你對未來的期待是什麼？什麼樣的人讓你覺得溫暖／親切／緊張／恐懼？哪些事情容易讓你往心裡去？你最在意別人對你的什麼看法？你最期待被別人認識的部分是什麼？

自我覺察是一種更貼近自己的重要行動。我們藉由持續的自我覺察讓內心更澄澈；因著理解自己的需求和限制，所以能夠更清楚自己的情緒，不隨便將責任歸咎於他人，當然，也不隨意讓別人來控制我們。

在講求聽話與順從的傳統文化底下，自我覺察被視為是一種會讓人變得自私、難管教、自以為是的不當行為，那意味著你不再將長輩說的話，當作唯一的正確。

因為如此，我們對於覺察自我或許是陌生的。在練習覺察的初期，我們常會遇到「你了解自己的需求，卻不被他人支持」的狀況，這種發現會令你挫折，但請不要因而放棄，因為那將是靠近真實自我的重要道路。

如果你不希望自己總是帶著受傷的感受生活，就**必須正視並承認這件事實：父母的所作所為，對你的確造成了不容忽視的傷害。**

我之所以重複強調這件事情的原因是：知道是什麼讓自己受傷，知道自己在這一段關係裡是如何被傷害，才有可能鼓起勇氣，重新去調整自己在這段關係裡的樣貌，改變因應的方式，以保護自己。

（一）你沒有變壞，只是沒有全然滿足父母的期待

在諮商中，許多人談到對父母的負面情緒（例如：憤怒、失望、輕蔑）時，往往會出現另一種糾結的情緒：「我竟然在背地裡討論父母的種種不是，這樣的我，是不是很糟糕呢？我真是一個不孝順、有愧於父母的人。」

「以前不管父母怎麼對我，我雖然會難過，偶爾會忿忿不平，但都可以忍耐。」「可是現在的自己，竟然開始質疑起父母背後的意圖，懷疑他們以愛之名，將自己的情緒發洩在我的身上。這樣的我，是不是變壞了？」

你之所以會這麼想，是因為**身為孩子的角色，在嘗試改變的過程中，很自然會對父母感到愧疚**。

畢竟，孩子鮮少會去覺察父母對待自己的言行是否合理，並且誤以為順從、忍耐、壓抑，就是對父母的忠誠與孝順，他們用這樣的方式來表達對父母的愛，但這卻只是一種在道德價值的束縛下勉強維持的連結。

這種連結使得親子關係維持著表面的和諧，雖符合傳統文化的期待，卻讓孩子持續活在被傷害的環境，而父母也沒有機會學習用更適當的方式來回應孩子的情緒與需求。

自我覺察是一種無法倒退的行動，一旦你發現自己長久以來總是被壓抑情緒、被忽略需求、被貶低自尊心，你就很難欺騙自己這些事實不存在。

當類似的情境再度發生時，你會更明顯地感受到身體與情緒的不舒服，你可能不想如過往那樣被傷害，卻又不知道該怎麼反映，比較不會破壞彼此的關係。

即使如此，這樣的你，都已經跨出了不同於以往的步伐。這一刻的你，是帶著覺知與父母互動的：你知道當下正在發生什麼事，也感受到自己身心的反應，這是讓改變得以發生的關鍵覺察。有了這些覺察之後，通往改變的大門將會為你敞開。

請記得：**自我覺察絕對不是壞事，這種行動很難獲得權威者的鼓勵，卻是啟動自我保護的重要行動。**

（二）你不是無法抵抗，只是沒機會學習自我保護

無論在什麼場合，每當遇到有父母問我「打孩子」的教養方式到底有沒有效，我的回答相當一致：「對於嚇阻他當下的行為，或許有短暫的效果，但對於這個孩子的身體與心理健康，絕對是充滿傷害的。」

第一重傷害，是暴力行為在孩子身上直接造成的傷害；第二重傷害，是父母摧毀了孩子對他們的信任與安全感；第三重傷害，是當孩子被命令要乖乖站在原地讓父母打時，也同時扼殺了他們保護自己的權利意識與能力。

哪一天當他被別人傷害時，父母卻又輕蔑地說：「被人家欺負，都不懂得要保護自己，怎麼這麼笨啊？」這是在孩子傷口上撒鹽的第四重傷害。

有時候這個環境會責備我們，認為你小時候因為沒有獨立生存的能力，那時候當然很難抵抗父母的傷害，但是長大後的你，已經過著獨立的生活，如果還脫離不了這種互動，你自己也要為此負一些責任。

這句話，乍聽之下似乎很有邏輯，因為人「應該要」隨著長大而長出保護自己，辨識有害行為與語言的能力。

但這句話要成立，必須有一個重要的前提。

「自我保護」是一種需要反覆練習才能茁壯的能力，而不是某一天突然就自行憑空長出來。這種能力有賴於大人在生活中的教導，並且透過真實的互動，讓孩子感受到他是被保護的，任何一個人都不可以傷害自己，並且學習當別人做出某些攻擊行為時，他可以如何展現出自我保護的行動。

如果一個孩子從小就被威嚇不許為自己的行為解釋，不許反抗來自於父母的貶低與打罵。他從來不被允許練習保護自己，也從未有機會長出自我保護的能力，無論他活到幾歲，都很難抵抗來自他人的攻擊。

對他而言，自我保護是不被允許的。相反地，對他人的攻擊行為逆來順受才是聽話的好表現。而這種模式將會根深柢固地深植在他的內心，無論是他與父母的親子關係，或者長大以後與伴侶的關係，他都將扮演那個藉由被傷害來獲取關愛的角色。

試問，如果有一個人從小就在這種互動模式下長大，當他渴望擁有一段親密關係時，即使他在這一段關係裡，經常被對方以暴力對待，他會選擇堅定地表達自己的感受、尊重並保護自己？還是繼續承受這種被傷害的對待，避免關係破裂呢？

如果你經常責備自己無能、痛恨自己為什麼被他人傷害，卻無法抵抗，請你一定要停止這種質疑與批判自己的行為。**有錯的是那些傷害你的人，而不是因為被傷害而感到痛苦的你。你應該做的，是好好地心疼那個從小就被粗暴對待，沒有機會被教導如何自我保護的自己。**

如果現在的你已經是一個生活、經濟皆獨立的成人，卻突然發現自己一直以來都不知道如何自我保護，不知道原來你有權利保護自己，所以想要長出保護自己的勇氣，請你一定要給自己一些改變與成長的時間。

改變所帶來的成效，或許不會來得太快，但**啟動改變，卻永遠不嫌晚**。

請記得：除非有你的允許，否則誰都沒有權力侵犯你。

（三）每一個人都是獨特的，痛苦無須比較

我們之所以停留在被傷害的關係，無法鼓起勇氣，做出改變的行動，有時候不是因為不敢行

動，而是我們誤以為不需要行動。

「這世界上比我悲慘的人，還有很多吧？」這句話有時候是從別人口中聽到，有時候是我們用來提醒自己：「你是不是以為自己很悲慘？拜託，不要過度反應，不要因一時衝動而搞壞了關係。」因為自我懷疑，因為擔心失去關係，於是我們就帶著這樣的疑惑，持續活在有害的互動模式裡。

的確，這世界上有許多人從小就遭受身體或心靈上殘酷的虐待，過著不人道的悲慘生活。但我們為什麼要拿自己與他們做比較呢？如果我們認同痛苦可以這樣被比較，也等於認同我們的痛苦是可以由他人來界定，而不是接納自己主觀的真實感受。

有些孩子跌倒的時候，並不會立刻爬起來，而是先看看周圍是不是有人在看。如果有，那麼他可能會忍耐傷口的疼痛，走到沒人的地方，才讓眼淚掉下來。為什麼要這樣？因為我們害怕別人會嘲笑或處罰我們的脆弱，所以孩子從小小年紀就學會戴上一張名為勇敢的面具，期待得到來自他人的鼓勵。

歷經長年的訓練，我們對於這種「戴面具」的能力變得爐火純青。我們擅長壓抑、忍耐、否認、退讓，卻也因此距離自己真實的情緒愈來愈遙遠，一再錯失自我療癒的機會。

假如你因為受傷而流血，難道還需要向父母、老師、朋友求證，得到他們的認同後，才能確認那的的確確是一個傷口，然後才可以去敷藥、包紮？**沒有一個人生下來就應該被傷害，我們不需要拿別人的悲慘來說服自己繼續忍耐現況、否認自己受的傷**。我們應該努力的是讓自己的生活過得更健康、更安全。

痛苦是沒辦法比較的。**一個人的痛苦，從來就不需要由別人來蓋章認定**，也不應該被拿來互相做比較。

假使你正在閱讀這本書，也還待在痛苦的關係裡，你當然可以選擇再忍耐一陣子，也可以維持目前與父母的互動模式，但那或許是因為你正在醞釀改變的方法與勇氣，也或許是在找尋適當的機會開啟行動，但請不要用社會新聞裡那些慘不忍睹的家暴事件來欺騙自己：「其實我經歷的事情根本沒什麼，不要過度解讀自己的不舒服，就沒事了。」

「傷口大小」不是一種成績，不需要拿來與別人排名；**「忍耐」不該是作為處理情緒的唯一能力**，也不需要拿來與別人競爭。

請記得：如果連你都不尊重自己的感受，那還能期待誰來尊重你呢？

二、拒絕缺乏同理心的廉價勸告

當你摘掉傳統文化價值的蒙蔽，看見父母的所作所為的確為自己造成某些傷害時，你將會感到徬徨與無助：「我的父母真的是這樣的人嗎？」「他們怎麼會做出這些傷害我的事呢？」這種困惑會令你相當不舒服，因為我們一直以來深信不疑的信念突然被撼動，這種突然之間的認知失調，會令我們不知所措、心慌不已。

你會想確認這一切到底是不是真的，是不是因為自己的敏感而誤解？你對自己、對這一切感到困惑，於是你開始找尋身邊那些信任的親朋好友，並且鼓起勇氣向他們「求證」。

不用擔心，會有這些反應是自然且正常的。

但是，由於大家都生長在同一種文化環境底下，他們也服膺相同的價值信念與教條，深受同樣的傷害而不自知。有很多人甚至還以「能夠忍耐來自父母的責罵與批評且不反抗」、「能將父母的指責或諷刺，轉化為讓自己更好的養分」而自豪。所以你必須留意這些來自他人的規勸、安慰，很可能無法對你帶來正向的幫助，甚至還可能造成更多的傷害。

（一）破解似是而非的概念

心理學裡有一個概念叫做「內攝」，意指我們對於外界的態度、價值觀，不假思索地全盤接收，我們沒有經過審慎的思考、沒有評估，就將這些來自於他人的觀點用來當作自己看待事情的觀點，把別人遵從的價值觀作為自己生存的圭臬。

很多似是而非的價值觀、道德觀，就是透過這樣的機制，深植到生活在同一個文化底下的人們。

因此，從這些人的視框，你沒有辦法得到不同於傳統文化的觀點。當你向這些人進行確認時，他們的反應很可能會是：

- 「你長這麼大，怎麼還這麼不會想？爸媽這幾十年來的付出，你感覺不到嗎？」
- 「父母一定是有不得已的理由才會動手，那都是為了你好。」
- 「這輩子有緣當家人是前輩子修來的福，身在福中要知福、要感恩。」
- 「天下無不是的父母，以後等你長大當了父母之後，就會理解他們的苦心。」
- 「父母辛苦了一輩子，身為孩子退讓一些。這道理，你不懂嗎？」

除了上述的語言之外，還有一系列類似心靈雞湯「懂得愛就不會恨」、「用愛包容一切」的勸戒。

這些語言聽似有道理，但其實它們的背後都在傳達共同的態度：「父母才是對的」、「孝順，就是孩子無條件接受父母所做的一切」。如果別人都可以服從這些價值觀，為什麼只有你有意見？那麼，問題一定是出在你身上。

讓我們一起來看看，這些耳熟能詳的語言，到底哪裡有問題。

「**父母這麼辛苦，你難道不能退讓嗎？**」這一類的語言，意味著因為父母撫養你長大，所以孩子理所當然要承受各種不當的對待。

孩子對於父母的撫養當然是要感恩的，因為那是一件非常不容易的任務。但即便如此，孩子是一個活生生的獨立個體，當他還處於沒有自我保護能力與判斷力的童年時期，尤其需要被尊重、被妥善照顧與教養的經驗，如此，他才能擁有健康的身體與心靈。

如果父母以「辛苦」為理由，理所當然地犧牲孩子的需求、否認孩子的情緒，甚至以各種控制的行動，扼殺掉孩子的自主性，這樣的對待，已經逾越了孩子表達感謝的範疇。

身為孩子的你，可以用自己能力所及的行動，為父母分攤家務、表達關心，但不該用自我犧牲來滿足父母不適當的對待。

「**你還年輕，以後長大你就能理解。**」則在告訴你：你還不夠成熟、不夠有智慧，以至於你無法看穿這些語言與行為背後，其實是帶給你某些好處，無法從中獲得成長。

那也意味著你吃的苦還不夠，如果想要了解這一切的意義，想得到修練後帶來的成長，就必須繼續忍耐這些讓你痛苦的一切。

這句話不但沒有同理你的感受，甚至還落井下石，加碼指責你的能力不好、不夠成熟。對於從小就習慣被恐嚇的孩子而言，這無疑是毒性極強的催眠，聽到這句話就像啟動了某個熟悉的開關，自動化地壓抑自己的不舒服，提醒自己「吃苦當吃補」、「吃得苦中苦，方為人上人」。

至於**「要感謝那些傷害你的人，因為他們為你的生命帶來學習」**更是可怕的魔咒。因為那暗示著別人可以任意傷害你，你最好不要只專注於痛苦，而是要帶著正向積極的心態從中反省，才能獲得學習。

一旦你細細去拆解這些似是而非的「道理」，就會發現真是荒謬至極。

我當然認同每一次的受傷經驗，都能讓我們從中學習，但**我們要感謝的**不是那個帶來傷害的人，也不是這件根本不該發生在自己身上的事，而**是那個在受傷中勇敢站起來，願意重新整理這些經驗的你**。

你的愛與包容，不該用在自己被傷害的情境

那些充滿道德與孝順至上的勸說，往往都缺乏了設身處地、感同身受的同理心。他們沒有辦法同理你長久以來經歷的委屈與痛苦，無法理解你耗費多大的努力，才不至於崩潰、自我放棄。

但這不是你的錯，而是他們沒辦法，也不允許自己去正視發生在你身上的事情。因為當他們

同理你的同時，也可能被迫要去發現自己身上有與你類似的經歷，這樣一來，他們也得啟動對父母的質疑，而這對大多數的人而言，實在是太可怕的冒險了。

不要逼迫自己成為「被打左臉，還要求連右臉一起被打」、「要笑著對傷害自己的人說謝謝」的聖人。那只是文化的期待，而不是你應盡的責任，你的愛與包容不該用在自己被傷害的情境。該好好反省與學習的，是那些總是以愛之名，有意無意傷害你的人呀！

這些企圖告訴人們「用愛可以解決一切」的語言往往說得好聽，讓許多人奉為圭臬。在我們還很幼小，還沒發展出成熟的判斷力之前，這些似是而非的概念就透過各種管道反覆地「催眠」我們，以至於我們很難辨別這些聲音的存在。但我必須說，那些沒有親身經歷，或者不敢正視家庭創傷的人是無法真正理解你的感受的。

如果周遭的人無法為我們的創傷帶來不同的視框與洞察，那麼，我們就更應該將看清事實的責任一肩扛起。

覺察本身雖不足以直接改變現況，但唯有清楚自己的狀態，才有機會選擇是否要繼續停留在原地，或者試著讓這一切有所不同。

再次提醒你：你受的傷，無須別人來認定才能成立；你受的傷，無論是大是小，都值得被關心。

（二）人生值得苦難的磨練，但不該理所當然被傷害

你是否曾困惑過：「人生，難道不該吃苦嗎？」一個人一輩子會遇到的難關何其多，我們何必將父母無心的語言和行動放大檢視？為什麼要講得好像父母的關愛，只會為孩子帶來傷害，卻沒有任何助益？如果孩子在成長過程中沒有經過這些歷練，如果這樣的語言或行為，他們都承受不了，未來又該如何面對生命中的諸多挑戰？

「人生到底值不值得經歷苦難的磨練？」我認為當然是值得的。

我很喜歡余德慧教授說過的一句話：「當生命經歷過難以言喻的痛苦時，真正的轉化才可能悄悄地出現。」在苦難的磨練過程中，人與人之間經常會因為革命情感而讓關係更加穩固；人在苦難之中，也可能長出堅毅的力量，以及發展出不同的生命觀。

然而，**這裡提到的「苦難」與本書討論的「傷害」在本質上卻是完全不同的**。這裡的苦難是指來自於生命的各種無常，以及難以避免的生老病死。例如在生涯發展上因為不確定而感到困惑，在前往某個理想目標過程中的磨練，或者在生命中必須面對親人的病痛和離世。

對孩子而言，父母之於他的傷害，當然也是一種苦難的磨練，畢竟我們沒有辦法選擇出生在什麼樣的家庭，無法選擇遇見什麼類型的父母，對於這無法避免的一切，我們無從抱怨，也無須責怪老天。我們能做的只是接受眼前的事實，然後努力調整互動的方式，找到保護自己的方法。

或許有一天，我們終將從這個充滿痛苦的關係中，蛻變成能夠保護自己的大人，我們可以長出愛人的能力，也停止將這種傷痛施加在他人身上的負向循環。

每一段生命都有屬於自己的功課，但是，這不代表任何一個人可以將自己的痛苦、情緒扔到他人身上，然後理所當然地造成他人的傷害。

即使每一個人在生命之初無法選擇自己的家庭，但他們並非只能被動地忍耐和壓抑，直到父母離世，才有權利展開新的人生。

（三）重新定義「好」的改變

有些人誤以為所謂的「好的改變」、「成熟的心態」，就是終有一天能夠與父母保持順暢無礙的溝通，能掏心掏肺與父母談心，並且對父母的一切言行樂於承受，不抱任何負面情緒。

如果你這麼想，無論這一生怎麼努力，都將因為達不到這種狀態而感到挫折、宣告放棄。因為這種「好」只是傳統文化認可的美德。你的努力滿足了道德價值的期待，卻否定了自己真實的情緒和需求。

真正「好」的改變，並沒有一個絕對客觀的標準，重點是你能夠從這個改變中獲益，可以因而過得更放鬆、更健康。你可以為自己的生活做選擇，接納自己的情緒和感受，**不再需要因為恐**

懼而討好父母，也不用因為要討好父母而否定自己。

這個「好」當然不是純粹為了滿足自己而刻意傷害父母，也不是為了反對而反對，但是你在維護自己權利的同時，很可能會引發父母的不滿，所以會引來指責。

因此，你必須清楚地告訴自己：你曾經有好長一段時間站在父母那一邊，寧可維護他們，也不惜傷害自己。但現在你想要多照顧自己一些，不想再為父母的情緒負起全責。而你的種種改變，只是為了達到這個目標而已。

至於別人如何定義「好」，就由它去吧。

三、停止重複無效的行動

焦點解決短期治療學派（Solution-Focused Brief Therapy, SFBT）認為：有時候讓問題更惡化的原因，就在於我們用了「錯誤的方式」來解決問題。所以在改變的過程中，有正向效果的行動，就多做一些，並且停止那些無效，甚至會帶來負面效果的行動。

（二）停止「審判」的行動

為了改變現況，我們會想找出「真正的兇手」，期待他能認錯，並且為這一切負起責任，讓所有的紛紛擾擾就此回歸塵土，從此過著平靜和睦的日子。

所以，你會努力去證明「真正的錯」到底在誰身上。這一切荒謬的互動，是從幾歲開始的，那時候家裡是否發生了什麼重要事件，但自己卻沒有注意？是否因為自己做錯了什麼，才導致這一切發生？誰該為這一切負起責任？

可是當你這麼做的時候，往往會令自己掉入無力的深淵。

因為，即使清楚指出父母對你的某些行為是有害的，但父母之所以會有這樣的行為，很可能與他們童年時期被對待的方式有關，甚至他們在成長過程中也遭受祖父母的傷害。到後來，我們往往找不到真正的受害者是誰，加害者又是誰。

再者，**即使指出「誰有錯」，也可能無濟於事**。因為對大多數的孩子而言，就算他們認為父母要為有問題的教養方式，負起絕大部分的責任，但因為父母的權威，孩子大多害怕與父母發生衝突、害怕被指責，因此也不太敢向父母究責或抗議。所以當你**奮力去找兇手，卻可能讓自己更痛苦**：上述這種來自於對父母的敬畏與害怕，經常會讓我們在潛意識中將憤怒轉向自己：「都是我自己沒用，別人才這樣對我。」

所以，即使你認為問題明顯出在誰身上，並且奮力地去證明這個假設的正確性，結局卻往往只是令自己更加無能為力。

如果父母願意面對自己的不當行為，向孩子誠心道歉，或許對已經造成的傷害於事無補，卻可以讓孩子獲得長年缺乏的尊重，重新感受到自己的價值，獲得面對人生的勇氣。

可惜的是，大多數的父母很難做到這些行動，畢竟如果他們能夠覺察並反思自己的行為，便不會造就如此糾結痛苦的親子關係。

所以關於改變的行動，不是對誰的行為進行審判，然後得到他的道歉。真正的重點，在於我們感知到自己受傷了，並且願意正視自己的需求，尊重自己的情緒感受。即使我們一直無法得到他人的道歉，也要將療癒的權力握在自己的手上，讓自己有機會過得更健康。

請記得：**你的改變，不是為了得到誰的道歉，而是停止別人對你的傷害，並且將生活的主控權，交付在自己的手上**。

（二）停止「改變父母」的念頭

「改變那個有問題的人，就可以改變現況。」是大多數人直覺的想法，但這想法卻很可能阻礙了自我療癒的進行。

當我們期待他人改變時，就好像等待奇蹟出現一樣，可遇而不可求。採取被動的等待，經常會令我們感到無力與挫折，因為這就等於將事情能否有所不同的決定權，交到了他人的手上，於是在這段關係裡，我們只是任人擺布的棋子。

有時候，我們也會想要找出始作俑者，並且藉由改變他、停止他的某些行為，進而讓現況有所不同。但這種企圖改變別人的行動，很容易造成更大的衝突。

我曾在一場親職教育講座上，被一位母親強烈質疑：「當人們苦於不被自己的父母所理解時，你為什麼是鼓勵他們接受父母的有限？而不是引導他們持續向父母說明？」「你不繼續努力，父母怎麼會有機會懂你在想什麼。」「一定是你的方法用得不夠好……」

事實上，這位母親的質疑也反映出**大多數成年孩子的恐懼：「如果我不努力改變父母，這輩子是不是就沒有被父母理解的機會了？」**而這樣的恐懼，當然是來自於從小到大一直對於被父母同理、了解的匱乏。

「只要我再努力一點，爸媽一定會理解我的！」無論我們活到幾歲，內心總是隱隱地藏著這個聲音，像是害怕找不到父母那樣，用力吶喊、努力表現，期待有一天父母能夠聽見我們的期待，聽懂我們的需求與感受。

很可惜，事情往往無法盡如人意。

人類的行為之所以難以改變，是因為背後帶著深信不疑、難以撼動的價值觀。這些價值是個人長久以來建構的結果，也是他活在這個世界上賴以為生的準則。拿掉了這些價值，這個人將會因為頓失依歸而感到焦慮、害怕。

我們自己是如此，我們的父母當然也是如此。

你想想：你在成長過程中向父母表達的各種情緒、不滿、抵抗可曾少過？如果改變父母是如此容易，那麼，經過你如此努力的表達之後，同樣有害的互動模式，又怎麼會重複上演呢？

我講這一段話，不是為了替父母傷害你的言行卸責，而是要你認清：**改變別人，是一件非常困難的事情**。如果不能接納這個雖殘忍，卻又不爭的事實，你將會耗盡全身的力氣，到頭來只是追著沙漠裡不存在的綠洲那樣虛耗人生。

不過，如果你曾經長時間抱持著想要改變父母的念頭，也不要因而責備自己。因為那是你對他們的信任，因為你愛著他們，你珍視這段關係，所以期待自己的努力可以改變你們的關係，也相信他們會為了你而有所改變。

請記得：**改變別人，永遠沒有調整自己來得容易**。

（三）停止逼自己過得「和別人一樣」

改變的行動若要持續，還有一個關鍵的態度是：**你是否能放棄用別人認可的方式過生活？**

當你開始嘗試改變時，因為與過往的生活經驗不同，所以你會有些猶豫，也想與別人的生活方式做對照。但是對照之下，你可能會舉棋不定，因為你將發現：

- **別人可以忍受來自父母的傷害而不反抗。**
- **別人逢年過節迫不及待回老家，享受歡樂溫暖的氛圍。**
- **別人可以擁抱父母，把對父母的「我愛你」掛在嘴邊。**
- **別人與父母互動時都很開心，不會抱怨自己的父母。**
- **別人可以放心和父母談心事，不會感到猶豫或緊張。**
- **別人可以向父母撒嬌開玩笑，不用擔心被罵。**

這些經過對照之後的「發現」，有時候又會讓你懷疑是不是自己「有問題」。如果不要想著改變，是否就不會引發更多的衝突？是否就有機會擁有跟別人一樣的親子關係？

我們之所以羨慕別人，是因為在他人身上看見了自己很期待擁有，卻總是匱乏的互動模式。但實際上，我們不清楚這些人是否也有與父母衝突的時刻，也不確定他們是否有相似於我們在親子互動裡的狀況。在你沒有看見的地方，別的家庭也有他們的衝突，也有難以啟齒的祕密。所以你無須羨慕，也無須模仿別人的互動方式。

如果沒有做好「放棄和別人過一樣生活」的準備，你會老是質疑自己行動的「正確性」：為什麼我跟別人不同？為什麼別人不會跟我有同樣的感受？是不是我有問題？

沒有誰的「正確」才是真正的正確。

或許你也曾期待擁有溫馨、和諧、充滿接納的親子互動，但在現實生活中，如果沒有這樣的關係品質，那並不是你的錯。**對孩子而言，家庭的氛圍與關係的樣貌，往往不是他們能決定的。**因為生長在不同的家庭，擁有截然不同的互動模式，所以你無須強迫自己必須「活」得跟其他孩子一樣。

別人認為好的方式，未必適用你的情境。你決定改變，是因為你不想再繼續承受家庭帶來的傷害。所以，你不是異類，也不是問題人物，無須和別人比較。

請記得：別人的正確，不等於你的正確。

（四）停止「報復」的企圖

長年忍受這些痛苦的成年孩子，可能累積了許多對父母的負面情緒，待他們經濟獨立之後，因為不再需要父母的金錢與庇護，很可能選擇不再繼續忍耐，決定展開反撲的行動：

- 「你們這樣對我，我就讓你們知道這種痛苦長什麼樣子！」
- 「現在我已經長大了，我一定要讓你們難堪。」
- 「你們敢再干預我，絕對要讓你們知道我的厲害。」

有時候，我們會想要「以暴制暴」或者「以其人之道，還治其人之身」，用從小被對待的方式，讓父母也體驗那種難受的滋味。

你透過傷害他們，讓他們知道你被傷害的感受，同時也藉由展示你現在的力量，威嚇他們停止過往傷害你的行動。

你以為報復父母就能發洩心裡的不滿，療癒童年的創傷。很遺憾地，報復的行動只能帶給你短暫的快感，卻無法為你帶來真正的療癒。

想想看：你為什麼要花這麼多力氣，「讓父母感受到跟你一樣的痛苦」？讓他們「感受」到你的痛苦，對你有什麼意義？

因為，**你內心真正的需求，是期待父母可以理解你，能對你這麼多年來的痛苦感同身受**。說穿了，這並不是「報復」的行動，而是一個孩子打從心裡渴望被父母理解的需求。

改變的目的，不是為了報復

當你使用傷害父母的方式來表達你的訴求時，就如同他們一直以來透過傷害你的方式來滿足他們的需求。這樣的互動，只會讓關係更惡化，無法達到正向的改變。

另一個報復之所以無法幫助你達到自我療癒的原因是，大部分的孩子雖然不喜歡父母的作為，卻也不期待看到父母痛苦的樣子，更別說父母的痛苦是因你而起。因此當父母因為你的行動而受傷時，你又會感到自責與愧疚。所以，你攻擊得愈猛烈、結果愈「成功」，就會讓你自己愈痛苦。

既然改變的目的不是為了報復，那麼關於「改變」，我們應該要抱持什麼樣的態度呢？改變的重點不在於行動的方式，而是行動背後的目的。

縱使某一個行動會引起父母的不滿，但因著不同的目的，對你的意義，卻是截然不同的。例如：

- 你的離家，不是為了引發父母的焦慮，而是**擁有屬於自己的空間**。
- 你的反駁，不是為了引發父母的怒氣，而是**想把壓抑已久的想法說出口**。
- 你的坦誠，不是為了引發父母的愧疚，而是**誠實面對自己的感受**。

請記得：**你所付出的努力，你鼓起勇氣的行動，不是為了傷害父母，而是要讓自己過得更**

好，獲得心靈的平靜。

（五）停止逼迫自己「盡早放下」

過早的「放下」，往往只是為了避免面對衝突所引發的焦慮，並且壓抑自己的負面情緒，這是與現況妥協，並且放棄改變，而不是真正的放下。

在傳統文化的概念裡，「放下」意味著用一種超然的態度來看待眼前的事情，不再計較、不記仇恨，彼此回歸什麼衝突都沒發生之前的狀態，用和平的態度來面對這一切。也因此，「放下」被認為是一種美德、一種值得學習的修行。

可是我們都忽略了：**「放下」，是基於個人自願且主動的行動。我們太習慣把「放下」作為一種規勸他人或自己避免負面情緒的手段**，例如：「不要去計較，就不會痛苦。」「不要去追究，就不會發生衝突。」而這種語言的背後，往往是害怕衝突繼續擴大，難以忍受衝突帶來的焦慮，但這只是另一種出於恐懼或者被逼迫的行動。

這種概念的謬誤在於，好像「放下就等於原諒」，既然已經原諒了，那就不需要再追究，而這一切也會因此變得圓滿且美好。

但仔細回想這麼多年來，你是否已經在無數次的受傷後，都選擇再給父母一次機會，不去在意自己的感受，不去放大檢視父母的行為，這樣的結果，究竟是換來你想要的健康互動？還是持續著受傷的循環？這個答案，你應該比誰都清楚。

關於「放下」，你應該知道的是：

- 或許可以讓劍拔弩張的關係稍稍緩解，但那是因為你已經決定放下對這段關係的某些期待與堅持，而不是為了討好父母。
- 不代表認輸或無能，而是不再堅持從這段關係滿足某些需求。
- 不是為了逃避痛苦的感受，而是為了在這一段關係裡，重新找到讓自己更自在的位置，並且從被控制、被剝削的關係裡，找回生活的自主權，從童年的傷害中慢慢走出來。
- 不是因為害怕得罪誰，而是要讓長久以來嚴重失衡的關係，重新找到趨於健康的平衡。

「放下」絕對不等於「放棄」。事實上，要能夠放下，反而得要先承認自己的痛苦。你必須正視自己受的傷，誠實面對痛苦的感受，並且意識到以往的行動無法改變這一切，也無法滿足自己的需求。唯有如此，你才能下定決心，調整自己的期待，改變以往的行動，甚至不再堅持維繫這段關係。

「放下」非常需要毅力與勇氣，無論你有沒有向外界宣告，都不重要，也不需要特地告訴你的父母。重要的是，你在心裡告訴自己決定放下，而你也欣然接受這個決定。

所以，決定「放下」的時機、速度，都掌握在你自己的手裡，沒有人有權利干涉你。

請記得：想讓自己過得更好，是你的權利。為了改變原本的關係，有時候會引發父母的負面情緒，但那不是你的錯，而是他們要調適的部分。

你是他們的孩子，但並不是他們可以恣意對待的物品。

這一章，我們提到了許多關於「改變」，你必須要具備的重要態度，停止讓自己在與父母的互動中持續受傷。接下來在最後一章，我們即將討論如何幫助自己在親子關係中活得更健康、更自在的具體行動。

第七章

啟程：重新找尋「回家」的路

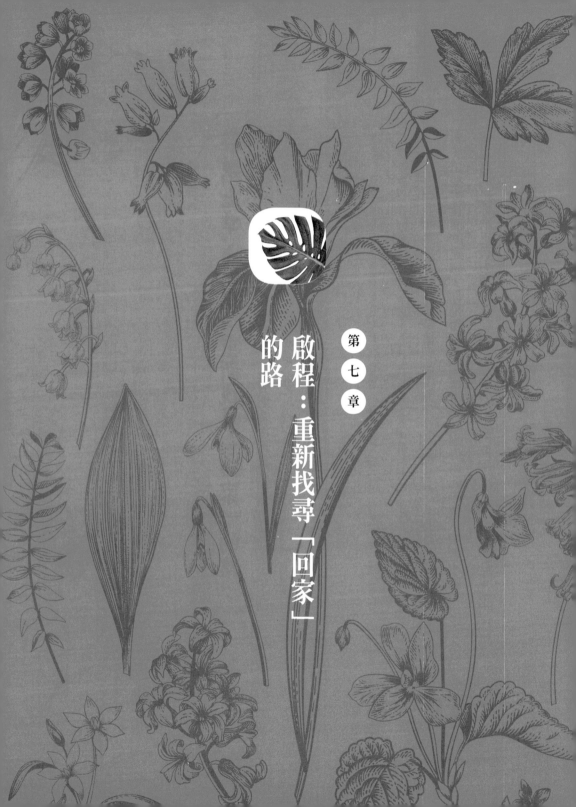

第七章、啟程：重新找尋「回家」的路

你鼓起勇氣展開一趟冒險之旅，獎賞則是活出更真實的自我。

終於來到了這一章。

走在自我療癒的路上，你或許已經閱讀不少相關書籍，也從中得知許多具體行動的技巧。但對於這些書裡面的建議，你是否經常還沒嘗試就覺得可能無效？或者才練習沒多久就想要放棄？難道真的是你缺乏毅力與勇氣？還是你沒有改變的能耐？又或者是這些書寫得不好？

很可能都不是。

那些書上提到的技巧，就如同武俠小說裡各種厲害的招式，但想要好好揮舞這些功夫，你必須先具備相對應的「內力」，也就是前面提到的自我價值、自我效能。

以往那些充滿指責、嘲諷和比較的語言，猶如一顆巨型絆腳石，阻礙你長出珍貴的價值感；而肢體上的暴力對待，例如體罰、毆打，則會讓你喪失了保護自己的能力感。這些充滿攻擊的言行，讓你誤認為自己能力不足、不夠勇敢、還沒長大，所以即使有再多的策略擺在你的面前，你依舊猶豫不決、躊躇不前。

因此，**真正阻礙你改變的，很可能是你內心經常對自己說的：「我辦不到，我不應該這麼做……」**可是這些聲音往往有失偏頗，無法代表現在的你。所以，如果想要長出改變的力量，是時候將這些如鬼魅般婆娑在你成長過程中的魔咒拿掉了。

這一章的重點是幫助你在與父母的互動中，啟動更有效的行動。

我將會引導你進入三項重要的練習：

1翻轉現況，重新調整你與「家」的關係。

2學習欣賞自我的全新視框，讓你能一點一滴長出真正的價值感。

3學習不同於以往的因應方式，停止充滿傷害的負向循環。

一、重新調整你與「家」的關係

生命像是一場戲劇，每一個人在成長的過程中，主動或被動地寫下一套腳本，並且跟著這套腳本演出生命這場戲。時時檢視並調整這套劇本，讓你的行動可以更有彈性、用更健康的方式來營造你的生活與人際關係。

（一）下定決心，為自己的生活負責

「既然知道待在家裡會受傷，為什麼『離家』卻又如此困難？」

你的答案可能會是「擔心擅自離開，會遭受父母的處罰」，也可能「是擔心父母會因為我們的離開孤單、難過」，總之，我們經常以為自己無法離家是因為家人的緣故。可是，有時候問題其實與他人無關，而是在我們自己身上。**我們雖然在家裡受了傷，卻因為更害怕面對外在未知的世界而拒絕離家，把自己繼續「關」在原生家庭裡**。

改變前的龐大焦慮，使我們喪失行動力

我們在與父母的互動中，長時間感到被控制、動彈不得。如果有人好奇我們為什麼不改變，我們的回答經常是：「我也想改變，可是——————。」這種句型充滿了無

奈，使人缺乏行動力，誤以為自己真的只能被動忍受他人的對待，什麼事都做不了。

想破解這種「是的，可是……」的困境，重點不在於找尋更有效的改變方法，而在於妥當處理伴隨著改變而來的焦慮。因為，**你並不是「沒有辦法改變」，而是「不做改變，才能讓自己比較舒服一些」**。

如果你看到這裡會覺得好像被指責、有些不舒服，那你可能太習慣把「沒辦法」這三個字，用來作為避免衝突、規避風險的擋箭牌了。

生命中有些事情或許真的無法回溯、重新來過，但大多數的時候，你都可以選擇要用什麼行動來因應這些情境，差別只在於行動之後的結果，能否符合你的期待。

我們害怕的，其實是行動後的結果不如我們的預期，因而遲遲「不敢」做決定、「不敢」行動、「不敢」改變，而不是我們真的「沒有辦法」行動。

不改變現況，就不會引發可能與父母發生衝突的恐懼、不用擔心被遺棄、不用絞盡腦汁思考新的互動方式，也不用承受行動之後可能面臨失敗的風險，而這些未知的情境，對許多人而言可能都是很不舒服的。一旦催眠自己「沒有能力」，就理所當然「無法」做某些改變。自我催眠久了，你會誤以為自己真的沒有能力，進而喪失了行動的自主性。

所以，請你告訴自己：「不是我沒辦法改變，而是現在的我，選擇不改變。」

不過，即使我一直強調改變的重要性，但我的目的並不是逼迫你非得立刻做出與現況不同的行動。

拿回主控感

不管你做了什麼決定，真正重要的是，你必須清楚覺察到：「這是我帶著覺知所做的選擇，不是因為害怕或者討好，而盲目做的決定。」如果你願意正視這個事實，並且勇敢為自己的決定負起責任，那麼，即使最終你的選擇是不改變，或改變之後的結果不如你的預期，你也比較能甘於面對，不會覺得自己是無奈的，並且擁有為自己做決定的主控感。

因為這些改變是基於你自己的意願，透過你的自主性做出來的。帶著這樣的覺知過生活，你才不會老是覺得自己被壓迫，才有機會跳出經常被困住的窘境，為目前的生活帶來不同。

另一方面，**當你能清楚覺察許多行動都是自己的選擇時，就必須好好面對自己的選擇，並且停止要別人來為你的決定負責任**。當你能為自己做決定、為自己的決定負責時，「離家與否」將不再是令你苦惱的事情，因為，你已經在心靈層次獲得「真正的自由」。

想要獨立，想找回生活的自主權，代表著不能再依賴別人來為你的生命做決定，因此你必須經常問自己：

1 我想過什麼樣的生活？我的需求是什麼？
2 我想擁有什麼樣的人際關係？我允許別人用哪種方式與我互動？
3 這種生活與人際關係可以幫助我過得更健康、更自在嗎？
4 我要如何行動，才能獲得這樣的生活與人際關係？
5 現在的生活與人際關係裡，有哪些部分是我滿意的？哪些部分還可以調整？

(二) 接受自己終須「離家」的事實

我認為，人的一生至少會有三次「離家」的行動。第一次「離家」，是在你大約兩歲、開始學習走路時，你對周遭一切感到好奇，並且憑藉開始茁壯的行動力，嘗試遠離母親的視線去探索這世界。

第二次的「離家」通常是在青春期。這階段的你，或許還沒有清楚的價值與想法，但因著第二性徵的成熟，開始覺得自己不再是個小孩。你雖然不希望父母再用對待兒童的方式來規範你，卻也不習慣要開始承擔大人賦予你的責任。

第三次的「離家」，是在你出社會後、經濟獨立的那一刻起。你不再伸手向家人要錢，也無須為如何使用父母給的生活費做交代，你有充分的理由，憑藉自己的能力，過「自己想要的生活」。這一次的離家，對個人有相當重要的意義。你不只在心理上更加獨立，也象徵自己已經成年，必須為自己生活的所有層面承擔起責任。

這個階段的「離家」，不只是物理上的身體離開家裡，即使工作之後，你還與父母住在一起，但你有了自己的收入，有能力，也有責任義務承擔起自己的生活。你必須重新思考：作為一個成年人，我想如何與父母互動，該與父母保持哪種方式的互動，我想與父母建立什麼樣的界限，如何建立這些界限。

「離家」不是忘恩負義，也不是背叛與遺棄

對於「離家」這件事情，你無須感到自責或愧疚。

「離家」不是忘恩負義，也不是背叛與遺棄，而是孩子要通往成熟的必經過程，就像許多動物成長到某一階段，就會離開父母的窩，開始獨立求生的旅程。你有自己的生命旅程，必須為經營自己的生活而努力。

「離家」的形式有很多種，**但最重要的意義，則是設定人我之間的界限，重新定義你與家人之間的關係，幫助自己擁有生活的主控權**。

如果你與父母的關係還不錯，只是不太習慣他們總是習慣涉入你的生活，那麼你可以選擇在

原本的生活中，多抽出一些時間留給自己，偶爾婉拒父母的某些要求。

如果你的父母從小就對你的身心造成嚴重創傷，那麼，你當然可以選擇用更強烈的方式，切斷與他們的接觸與聯繫，確保自己可以平安生活，也拒絕繼續承受那些根本不該發生在任何一個孩子身上的傷害。

你終究是要以獨立的姿態面對這個世界，如果你已經厭倦了總是讓別人為你所做的安排，那麼，請開始勇敢地面對自己的生活吧。

（三）重新找到自己在家裡的位置

即使你覺察了童年的創傷，並且決定改變現況，那也不代表你必須與家人劃清界線、恩斷義絕。因為，縱使你早已認清父母不可能給出你從童年時期就渴望的鼓勵、關愛、接納，你還是很期待與他們保持著連結。

許多人覺察到自己仍然有這樣的期待時，會感到矛盾和羞愧，尤其是那些曾遭受父母性侵害、家暴的孩子。

當他們看見父母長久以來的作為，對自己的確造成許多負面影響，而自己竟然還想念著與父母相處時的美好時光，渴望得到父母充滿愛的關照與撫慰，會不由自主對這樣的自己感到厭惡，你受的傷，無須別人來認定才能成立；
你受的傷，無論是大是小，都值得被關心。

覺得自己很懦弱、很矛盾。

可是**請你記得：你期盼得到父母無條件的愛，這並沒有錯**，因為這是所有孩子都渴望被滿足的需求。沒有辦法得到這樣的愛，不是你做錯什麼，或者你不好，而是你的父母沒有能力滿足孩子這些基本且重要的需求。

對大多數的人而言，即使在家裡受了傷，但多少還是曾擁有與父母、家人美好的回憶，所以會想要繼續與這個家保持連結。**這種「既想逃跑，又捨不得離開；既想切斷關係，卻又想保持連結」的矛盾感受是很正常的，你必須學習與這種情緒和平共處**。

如果你無須走到與家人斷絕聯繫的地步，那麼，就得發展出一套更有效的自我保護方式，停止繼續讓自己受傷。

你必須在這個家裡重新找到一個安全的位置，幫助自己跳脫不同於以往那種困頓無力、被動忍受，總是讓別人為你做決定的窘境。

這個新的位置是動態且健康的：

1你可以依照自己的情緒、感受、需求，隨時且主動地調整你與家人的距離、互動方式，而不是像以前那樣，只能被動忍受家人的對待。

2你是需要被尊重的。即使你的家人依舊故我，你還是可以選擇用尊重自己的態度與方式與他們相處。

3你的感受是重要的。即使家人依舊否認或輕視你的心情、感受，你還是可以正視自己的情感，那是你最真實，也很需要被照顧的部分。

（四）用更實際的眼光看待父母

對幼小的孩童而言，父母不僅知道的事情多、充滿力量，連體型都比自己大上許多。我們在童年時期經常從低處仰望著父母高大的身影，這一幅畫面將會深深烙印在心裡，成為父母在我們心中的形象。即便我們長大了，與父母的身高差距從仰望到平視，甚至變成俯視，但父母在我們心中卻依舊保有強而有力的巨大形象。

我們經常在心裡將父母膨脹成巨大且充滿壓迫感的影子，並且讓自己顯得渺小無力，感覺在父母面前，是無能、沒有力氣、只能任人宰制的。這種不切實際的壓迫感，讓我們不敢，也不相信自己有能力保護自己。

現在，我們應該打破對父母不實的想像，讓這個膨脹的身影漸漸回到符合現實的大小，用平等且相互尊重的態度來與父母相處：

1父母也是常人，也有優點與缺點、喜好與害怕、情慾與需求，他們並非無所不知、無所不能的聖人，他們的價值觀當然也不是唯一的正確。

2有些父母缺乏適當的教養態度，也不認為自己應該要學習如何用健康的方式與孩子互動。他們只是憑藉情緒化的反應來對待孩子，而這樣的方式很可能會對孩子造成傷害。

3針對父母以往習慣對我們做的安排、傷害等行動，有意識的選擇接受或拒絕，思考自己這麼選擇的原因，想要達到的目的，或者想要避免的傷害。

重要的是：**你不再是一個只能被決定的孩子，而是有能力思考、為自己做決定的成年人。**

二、練習欣賞自己：長出正向的新視框

對於那些童年受傷的成年孩子，他們內在的自我形象往往不是一個成熟的大人，而是臉上掛著淚痕、穿著卡通圖案上衣的小孩，那是我們小時候受傷時的樣貌。**多年之後，雖然外表早已成熟許多，內心卻依舊住著那個受傷的孩子。很多人稱他是我們的「內在小孩」**。

你很少察覺這一個小孩的存在，只有當父母又對你重複有害的言行時，這個小孩就會悄悄出現，拉拉你的衣角、捏捏你的手掌，窩在你身邊小聲地哭泣：「都是我不好。」「我真是沒

用。」

以往父母加諸在你身上的行為、言語是有害的，這些對待讓你感覺很不好。所以，我們必須為自己重新調整別人加諸於我們身上的負面訊息，開始學習欣賞自己。

（一）為自己建立價值感

從小就缺乏被愛、被妥善照顧的孩子，日後也可能透過不適當的人際互動方式來獲取匱乏的價值感。例如：成為刁鑽難搞的消費者，要求各種特別待遇（略過排隊，直接入座）或客製化服務（要求提供店裡沒有的品項），稍有不順就大肆飆罵，喝令店家低聲下氣道歉；對他人的外表、能力或成就予以嘲諷或攻擊，藉以突顯自己的卓越；他們也會在生活中努力獲取成就，並且藉由自身的權力控制、詆毀他人，進而感受到自己的影響力。

想當然耳，這種價值感既虛假又脆弱。

那些被你刁難或控制的人，雖礙於各種因素，不與你正面起衝突，但他們輕蔑的眼神、敷衍的口氣、刻意的疏遠，都會讓你重複一直以來不被父母接納的失落感，也令你再度陷入缺乏價值感的漩渦。

唯有看見自己真實的價值，你才能打從心裡真正接納自己、喜歡自己，並且帶著健康的視框來欣賞周遭的一切。

各種在外的成就、表現，只是價值感的來源之一，但我們不應該將這種外在的回饋作為唯一的價值感來源，那將會令我們陷入與他人比較的痛苦中。**真正重要的價值感，必須從我們的內在慢慢長出來**，而這有賴於我們用什麼樣的態度來看待自己：

1 **允許自己犯錯**：我們的生活充斥著「好，還要更好」、「只許成功，不許失敗」的教條，讓我們誤以為犯錯與失敗是糟糕的，而這種過度嚴苛的教條也剝奪了人性，令人感到自己是沒有價值的。

但是，人本來就會犯錯，我們也能夠在犯錯與失敗的過程中獲得學習，累積經驗與智慧，並且逐漸成為更能夠容忍挫折、更成熟的人。

「犯錯」只是生命的一部分，跟你「好不好」、「值不值得被愛」一點關係都沒有。允許自己犯錯，才能讓生活過得更放鬆、更自在；能夠面對自己的錯誤，才有可能從中獲得學習，降低再犯的頻率。

2 **找出例外**：很諷刺地，雖然這個文化鼓勵人們要往光明面看，但父母或學校卻經常提醒我們「要互相漏氣，才能求進步」，因此我們從小就被教導要注意負面的部分。如果總是凝視著黑暗，任誰都會迷失方向、被無力感吞噬吧？

每一件事情都有正、反兩面，我們無須否認黑暗的存在，但也需要幫助自己看見光明的那一面：

- 一個有偏差行為的孩子，一定也有貼心、善解人意、懂事的部分；一個聒噪不休的孩子，一定也有安靜專心的時刻。
- 一個愛爭吵的孩子，其實是有主見的；一個沒主見的孩子，往往是聽話且順從的。
- 一個人之所以有挫敗的情緒，是因為他曾經努力嘗試過；一個人之所以生氣，是因為他認真在意著某些事情。

這些行為因為沒有滿足大人的期待，所以被貼上負面的標籤。而我們必須幫自己看到被忽略的正向面。留意這些正向特質出現的時刻，妥善發揮，讓這項特質或行為幫助我們生活得更好。

3 **珍惜自己內在的寶藏**：一提到「寶藏」，我們不免又想到學業表現、事業成就、薪資收入……停！請你暫停這種習以為常，但其實有失偏頗的連結。

容我再次提醒：你的價值，無須與別人比較才能突顯，才能證明它的存在。

在那些比較之外，你其實還有值得被重視，卻經常被忽略的部分：

（1）堅持的毅力：有沒有哪一件事情，無論是否被稱讚、被鼓勵，你都未曾輕易放棄過？別急著解釋「那只是一件小事」，**能夠堅持一件你喜歡、你想完成的事情，都是很值得被肯定的**。

（2）易受感動的情感：大人可能會指責你很懦弱、很愛哭，這種不實的指控，往往來自於大人對於情緒的恐懼。事實上，**一顆容易被觸動的心是柔軟的、善於貼近他人的，也因此能保有對環境的敏銳度，對人有更深的理解**。

（3）善良的動機：遇見流浪的小狗小貓，你是否忍不住蹲下來摸摸牠們、買食物讓牠們填飽肚子？看見他人生活中的不便會升起惻隱之心，想伸出援手？無論你最終是否付諸行動，但**內心那一塊柔軟、同理的善良，也是你很正向的資源**。

除此之外，請你練習重視他人給你的讚美或肯定。別輕忽或否認別人對你的正向回應，除了試著大方地道謝之外，也可以誠懇地請教對方他欣賞你的哪些部分。透過別人具體的回饋，讓你有機會更了解自己。

（二）你長大了，並且是有能力的

「你年紀還小，還沒辦法＿＿＿＿＿＿。」這是你小時候經常聽到大人對你說的話，表面看起來是善意的提醒，實際上卻巧妙地發揮控制的效果。一旦你對這句話深信不疑，就永遠沒有改變現況的可能。

一直以來，你的父母很少將你當成獨立的個體來看待：你的感受不被接納、想法不被尊重、行為難以得到鼓勵，所以你也一直誤以為自己還是一個只能等待被他人決定、被餵養的兒童，這完全是錯誤的認知。

事實上，當你能夠覺察自己是否在這段關係裡受傷，反思是否該做些什麼改變時，已經證明你是一個有能力的大人了。

如果你的父母從來沒有將你當成大人，那麼你就更應該把自己當個大人看待。

但是，「成為大人」並不只是空喊口號，而是要有相對應的態度與行動：

1 **你有權決定如何看待自己**：以往你習慣別人給你的稱謂：某某人家的小孩、某某學校的學生、某某公司的職員、善於持家的太太、害怕面對人群的膽小鬼……這些稱謂充滿了他人的價值觀，也剝奪了個人的主體性：因為「你是某人家的孩子」，因為「某些成就或表現」而得到這些稱謂，**這些稱謂都只是外在世界看到的你的一部分，但無法完整的代表你這個人**。

除了這些你習以為常的角色，請開始使用不同的觀點來看待自己：

（1）如果不提及父母、學校、職業，你會如何向別人介紹自己？
（2）除了薪資、學歷、外表，你很期待被別人認識的部分是什麼？
（3）關於這一生，如果要頒給你獎狀，你期待上面寫的事蹟是什麼？

2 **你有權決定接受何種互動方式**：我們當然無法決定別人的行為模式，但若沒有你的同意，誰也不能傷害你。從此刻開始，你可以和顏悅色地回應那些你能接受的互動方式，並且**適度地忽略或拒絕那些不尊重你、傷害你的言行**。當然，這也意味著你必須為自己的感受負起責任，如果你不想繼續受傷，就必須學習拒絕有害的互動，而不只是像孩子般抱怨：「我也不想……但我沒辦法……」這種語言一點幫助也沒有，而且只會讓你更無力。

3 **你有權尊重自己的想法與感受**：對於每一件事，先問問自己的想法與感受，而不是急著擔心父母會不會生氣，他們的想法是什麼。**比起擔心被罵，你更需要學會傾聽自己的想法與感受，那是一直被你忽略的部分**。

蘇珊・佛沃在《母愛創傷》一書裡，曾教導讀者用四句話，協助自己探索與父母互動中的負面感受：

（1）你曾經對我做過＿＿＿＿＿＿＿＿＿＿＿＿＿＿＿＿＿。

（2）我當時真實的感受是＿＿＿＿＿＿＿＿＿＿＿＿＿＿＿＿。

（3）這對我後來造成的影響是＿＿＿＿＿＿＿＿＿＿＿＿＿＿。

（4）現在，我希望你這麼做＿＿＿＿＿＿＿＿＿＿＿＿＿＿＿。

你不一定要告訴父母這些內容，但我鼓勵你用這四句話來幫助自己練習整理與父母互動時的經驗，因為這將有助於你辨識自己，在哪些片刻受了傷，你的感受是什麼，那些傷害對現在的你，殘留了哪些遺毒。如果可以，現在的你，期待別人如何對待你。

（三）把隨心所欲的童年「活回來」

如果你的童年生活充滿許多大人的要求、規範，而你也總是很聽話、很努力處處迎合這些期待，那麼，我相信你的生命有很長一段時間其實是繞著大人轉的。

「聽話」沒有不好，但對孩子而言，聽父母的話，往往也等於必須忽略自己的聲音，因為忽略自己的聲音，才能專心聽進父母的期待與規範。

如果你是這樣的孩子，我會鼓勵你在現在的生活中，允許自己做些喜歡的事情。這些事情無關效率，無關有沒有「益處」。簡單也好，複雜也罷，總之就是你喜歡做的事，或者一直放在你心裡的夢想。重點是：讓自己有機會當當看一個無憂無慮的孩子，那是你一直都沒有過的經驗。

以前你總是用別人規範的價值過生活，現在你可以試著用一些自己想要的方式過生活。

像是：

- 在上班日請一天假，待在家裡做想做的事，或者什麼也不做。
- 假日不設鬧鐘，讓自己有機會睡到自然醒，在床上發懶打滾。
- 買一張車票，或臨時挑一站下車，體驗一趟隨興而至的旅程。
- 偶爾上班遲到了，不要急著跳上計程車。買一杯飲料給自己，靜下心，等待下一班火車或公車的到來。
- 偶爾多點幾道你喜歡的菜，或許根本吃不完，但你可以打包回家，可以邀請隔壁桌的客人一起享用，或者也可以就是擺著。

這些事情是你在生活當中很少嘗試的，也或許是你曾經想過，但總是不被允許去做的。在做這些事情的時候，你無須像平常那樣提醒自己這些事情是不是有「完成」，如何讓這些事情做得「更好」。該努力、該改善、該反省的事情，在成長的過程中，你已經做得夠多了。

重點是你想做，於是就去做；因為你一直沒機會去做，所以試著去體驗。**你的生活不再只是**

被別人允許、被贊同，而是主動試著去體驗、去享受，然後也開始擁有為自己做決定的機會。

實際上體驗過後，你會發現其實這些以前被大人禁止、被詆毀的生活方式，對你整體的生活無傷大雅。請放心，你終歸會回到日常生活的軌道與步調，如果你是從小就被父母嚴格要求，長大後，也用這些嚴格的教條來規範自己的人，你根本不必擔心自己會失控，畢竟你最熟練的能力之一，就是控制自己的生活。

如果你覺得這樣的生活很任性、很隨興、很無厘頭，那就對了！這不就是一個孩子要有的樣子嗎？

孩子很認真地玩耍、很開心地吃飯、很放鬆地睡覺，他們從來不會在吃飯的時候擔心體重，不會在睡覺的時候掛念工作，也不會在忙著寫作業的時候擔心其他的事情。只有身為大人的我們會提醒自己要認真工作，努力滿足他人的期待，但卻認真過了頭，忘了休息、忘了健康，最終也忘了要照顧自己。

現實生活當然無法任你隨心所欲，但察覺到自己實際上擁有能力去做這些開心的、想做的事情，會讓自己重新長出一些希望感、能力感。

（四）學習信任自己，才能長出勇氣

我遇到很多人求助於諮商，開口就問：「我對自己很沒自信，我希望可以多一點勇氣。」

「有了勇氣，生活會有什麼不同嗎？」我問。

「當然啊！我如果有勇氣，就可以告訴別人我的底線，說出我的需求，不再受委屈……」個案回應。

「那你怎麼知道現在的你沒有勇氣呢？」我好奇。

「因為我現在還不敢去做想做的事……」個案說。

許多對話到這邊往往就卡住了。「因為少了什麼，所以無法去做某事」聽起來好像很合理，可是，如果抱持著「等待勇氣與自信降臨」的被動心態，你永遠都無法長出屬於自己的勇氣。

想要擁有「勇氣」，就必須先清楚知道「勇氣」是什麼。

還記得第四章提到的「自我效能感」嗎？也就是一個人知道自己的能耐，相信自己可以完成哪些事情的主觀感受。但是這種感受通常不會自己突然跑出來，而是**透過生活中大大小小的事情，實際去嘗試、去體驗，甚至是冒一些險，然後從中獲得「哇，原來我可以達到這個程度」的經驗**。

從這樣的經驗當中，你會對自己產生更多、更新的「相信」，不僅相信自己的能力，當未來面對新的挑戰時，雖然沒有實際挑戰過，卻敢於相信自己應該也有一定的能力能迎接。

成功了，你能夠欣賞自己的努力、能力；失敗了，也敢於反省原因，找出更好的行動策略，並且相信如果再來一次，自己能夠有不同的表現，然後告訴自己：「**或許有些事情對我的確不容易，不過，這不代表我是一個沒有能力的人。**」而不是轉身迴避事實，然後一味地怨天尤人。

而這樣的概念，不就是我們渴望的「勇氣」嗎？

所謂的勇氣，就是你願意相信自己。不只是因為行動之後的結果好壞，而是面對困境的時候，你敢於面對挑戰，用心思考應對的策略，即使最後你發現自己無力因應，因而向外求援或者宣告放棄，那都是有勇氣的表現。

因此，如果你期待自己擁有勇氣，不是被動等著誰來對你說好話、讚美你，而是試著去處理生活中遇到的問題，從中學習鼓勵自己：

- 雖然這件事情很困難，但至少我嘗試去做了。
- 雖然結果不如預期，不過我努力過了，至少沒讓自己留下遺憾。
- 雖然成效不大，但因為我的努力，讓事情至少不是停留在原地打轉。
- 事情之所以可以順利，是因為我真的投入不少努力。
- 我能夠正視迎面而來的挑戰，就是負責和勇敢的表現。至於處理得好不好，那中間有太多變數了，不是我能全然掌握的。

三、練習尊重自己：採取新的因應姿態

想要達到有效的改變，你需要一套明確可行的計畫。根據這套計畫與具體的行動策略，才能夠幫助自己穩住行動的腳步，避免在充滿情緒的互動中迷失方向。

這裡提供讀者六種具體的行動策略，除了「評估風險」這一項目建議讀者可以時時用來檢視自己的行動策略之外，其他的方式並無一定的順序，端視你的需求，來決定想要從哪一項開始練習起。

（一）評估風險

「風險評估」是做任何行動之前最重要的步驟，目的在於減少無謂的衝突，降低自己面對衝突的力道，但不要誤會了，**風險評估不是要尋求所有人的認同。否則一旦開始擔心他人的感受如何，你又將過度「放大風險」，令自己膽怯、無法行動。**

當你針對改變的行動進行風險評估時，可以從這三個面向思考：

1 **期待**：在與父母的互動中，你渴望什麼？想獲得什麼？這些「東西」真的是你需要的嗎？若沒有滿足這些需求，對你會有什麼影響嗎？這些無法從父母身上得到的需求，你可以為自己滿足的是哪些呢？

2 **行動**：哪些方式可以滿足你的期待或需求？這些方式你曾經用過嗎？哪些有效？哪些無效？生活中還有哪些人、哪些地方可以幫助你想到更多行動方式？

3 **風險**：哪些行動比較保守而安全？哪些行動的強度較高？這些行動會帶來什麼令你擔心、害怕的回應？現在的你，承受得了這些回應嗎？遭遇這些回應，真的會令你難以動彈嗎？你有哪些因應衝突的方式呢？這些因應的方式對你有正面的幫助嗎？

雖然你的行動極可能會引發父母充滿負面情緒的回應，但說真的，這些令人受傷的回應你也已經承受了不少。雖然難受，但至少你挺了過來，沒有被打倒，代表這些回應尚不足以摧毀你。但一直待在這種互動中，對你的身心也沒有任何益處。因此，現在輪到你拿回自己的主控權，透過不同的行動策略，改變不健康的互動模式。

（二）練習「純粹告知」，而非「期待妥協」

孩子之所以與父母分享生活大小事，一來是基於家人之間親密的連結，二來是吸收父母作為過來人的生命經驗，但這不代表你得將生活大小事的決定權交給父母。

以往，我們總習慣要獲得父母的同意，才覺得「可以」去做某些事情。但這也等同於把決定權交到父母的手上，美其名是尊重與孝順，實際上卻是逐漸喪失自己的主控權。

身為一個成熟的大人，你必須學習為自己做決定，為這些決定負起責任，並且有勇氣婉拒他人過度的干涉。

對於自己的生活大小事，你應該抱持的態度是：

- **要不要與父母分享你的生活點滴，是出於自願，而不是被迫。**
- **你可以選擇要分享多少生活內容，而不是毫無保留地全盤說出。**
- **生活中的大小決定，你可以選擇告知父母，但不需要被迫討論。**
- **你當然可以與父母討論事情，但不必屈服或妥協。**
- **你可以接受父母的意見和想法，但不見得要取代你原本想到的。**
- **你可以表達「聽到了」，但不是非得立刻做出回應。**
- **你可以擁有自己真實的感受，不需要經過父母的允許。**

必須經過他人允許才能獲得的自由，並不是真正的自由；真正的獨立，從來就無須徵得他人的同意。

（三）重點是「實際去做」，而非關注「誰的反應如何」

當你鼓起勇氣做出某個改變，但父母卻對此表達不滿，或者根本沒有關心你為何有此行為時，你當然會感到失望，這是很自然的反應。畢竟在這段關係裡做出取捨與改變，絕對不是你原本所期待的，這行動背後肯定累積許多委屈和難受，偏偏父母只對你的行動表達憤怒，卻無法給出你需要的同理、安慰。

你要記得提醒自己：「『誰的反應如何』不是重點，重點是『我能夠去做』。」整個過程中最值得被鼓勵的是，你能不同於以往、表達出自己的想法，而不是他們是否表現出你期待中的回應。

類似的行動，諸如：

- **如果父母經常擅自進入你的房間、翻閱東西，請將房門或書桌抽屜上鎖。**
- **告知父母你可以接電話的時間，在這時間之外，你無法隨時應答。**
- **告知父母他們的某些話、某些行為會讓你感到不舒服。**
- **把假日留給自己，婉拒參與父母未經你同意就安排的聚餐或相親活動。**

• **當父母對你做出非理性的責罵、情緒失控的攻擊時，請你試著不做回應並離開現場。**

你的行動正在告訴對方你的底線在哪裡，你允許別人用什麼方式跟你互動，如果他們想要與你連結，想要得到你的回應，就必須用尊重的態度來與你互動。一旦獲得成功的經驗，你將會體驗到前所未有的舒暢、自在，那種正向的愉悅感受將會帶給你更多行動的勇氣。

「都不管別人的感受，這樣的我，很自私吧？」如果你在做這練習之前，依舊存有這種疑慮，請讓我為你再次澄清：

1 你的行動不是要傷害父母，純粹是要讓自己過得更自在、更健康。如果父母願意接納你真實的樣貌，那他們就不至於因而感到不舒服。

2 你的行動是為了保護自己的界限，避免別人經常對你做出「侵門踏戶」的冒犯行為。如果你只是想保護自己，卻惹來他人的指責，那麼問題到底在誰身上呢？

3 實際行動才能知道結果如何，事情也才可能有所不同。即使別人的回應讓你不舒服，但一直忍耐，並不會比較好過。相較於過往的壓抑，你至少已經勇敢地踏出不同的步伐。

（四）保持距離，以策安全

即使你暫時無法改善與父母面對面時的互動方式，也無須因而氣餒，至少你可以先在物理層面上保持距離，這麼做，同樣可以讓你擁有喘息的空間：

1 **降低返家頻率**：從每週末都回家，改成兩週回家一次，增加自由與放鬆的空間。

2 **縮短相處時間**：以往你從週五下班到週日晚上都待在家，或者逢年過節的連續假期都在家裡。但現在你可以調整為週六上午返家、週日中午離開；或者在連續假期裡選擇幾天待在家就好。**縮短待在家裡的時間，減輕壓迫感、減少衝突的頻率，也間接提升相處的品質。**

3 **選擇在能量充足時互動**：人在情緒與精神不佳的時候容易情緒失控、忍受力降低，也傾向使用負面觀點來看待事情，這時候家人的一些行為容易令你感到煩躁，因而引發衝突。如果有重要的事情要討論，請選在你體力充足、精神飽滿的時候再進行，幫助自己做出比較適當的回應與判斷。

4 **打破「隨傳隨到」的模式**：以往你只要看到父母的來電就得立刻接起、立刻回應，現在你可以選擇在自己工作之餘，或者精神狀態良好時回電。

由於「是自己主動回電，而不是被迫接起電話」，**因此可以感覺到自己是有能力的。晚一點回電話，也能讓你有一些時間稍做準備，在通話時做比較好的回應。**

為了改變原本的關係，
有時候會引發父母的負面情緒，
但那不是你的錯，而是他們要調適的部分。
你是他們的孩子，但並不是他們可以恣意對待的財產。

（五）適度使用「善意謊言」

家人之間的衝突往往來自於無法理解彼此，偏偏這又是我們最渴望從家人身上獲得的需求，所以我們投入許多時間和努力想得到父母的理解，但許多衝突卻又因此而生（請參考第五章）。

你必須認清一個事實：父母很可能永遠無法理解你的感受與需求，也無法為你充滿勇氣、想要改變的行動給予祝福。因此，適度鬆動「想要被理解」的堅持，反而能降低發生衝突的頻率、也為你省下一些面對衝突的力氣。

例如：

- **對於你不喜歡做的事**：以往你試圖讓父母理解你之所以抗拒的原因，但說出原因卻反而遭受責備。**現在的你可以找一個父母比較能接受的理由即可，無須完全坦露自己真實的聲音。**
- **對於你無法達到的事**：以往你事事都想努力達成父母的期待，在失敗時感到自責、愧疚，而且還要苦惱如何讓父母理解你的困境。**現在，你可以找一個比較能讓父母接受的理由作為交代。**例如：因為塞車而錯過面試的機會、因為加班而無法出席父母安排的相親。
- **對於與你無關的事情**：以往你努力讓父母了解有些事情不是你的責任，所以你拒絕配合，因而被貼上自私的標籤。**現在你可以藉由某些「充滿無力」的理由來回應：**「我也想幫忙，但我時間（金錢、能力）不夠……」「我如果幫他，可能會讓自己失去工作（婚姻、家庭、事業）……」「我如果這麼做，可能會被某人誤會……」

「說謊」固然是一種迂迴的溝通方式，但當你的感受與需求總是被父母拒絕、指責時，適時使用善意的謊言，反而能夠達到些許自我保護的功能。

更重要的是，你要清楚自己「說謊」的原因是什麼，也知道這是在經過許多挫折之後不得不的選擇。如果這樣就能減少你受到的責難，何樂而不為呢？

清楚自己某個行動背後的原因及目的，才能讓這個行動在需要的時候上場、不需要的時候就退場。

「說謊」必須是在擁有覺知的情況下所使用的策略之一，而不是連自己都被謊言所蒙蔽。畢竟在這個世界上，你最不該欺騙、最應該把話講清楚的對象，就是你自己。

（六）善用「降溫速效錠」

即使知道許多適當的態度與技巧，有時候當狀況突然一發不可收拾，或者你尚未想出如何應對父母的方式時，還是可能因為焦慮而亂了陣腳。這時候你可以使用一些效果雖短暫，但也較即時的技巧，幫助自己快速「降溫」、避免製造更大的衝突。

1 進入現場前——預先做好心理準備

若你已預期待會的互動又將上演令你痛苦的戲碼，**可以在心裡先提醒自己：「待會聽到的都是偏頗且主觀的語言，聽聽就好，無須認真回應。」「太認真，反而讓事情更麻煩。」**接著，幫自己預告待會肯定會出現哪些內容，這些內容以往很容易瞬間就扯斷你的理智線、讓衝突一發不可收拾，但當你預料會出現這些語言，就像爆點預先被曝光的恐怖片，看起來就沒有這麼可怕了。

想不出有哪些負面的語言會出現嗎？沒關係，請你從第一章開始重新翻閱，相信你可以從中蒐集不少父母惹怒孩子的語言。

2 進入現場後——藉故暫離現場，分散注意力

預先準備幾個理由，必要時才能用來幫助自己暫時「脫身」。例如：上廁所、關電腦、檢查停在外面的車子是否有上鎖、回覆公司重要的訊息等等。

離開現場後，透過一些簡單的動作刺激自己的感官、分散集中在負面情緒的注意力，幫助自己回復比較穩定的情緒狀態。

・**視覺**：眨眨眼，然後環顧周圍的景物、從中找到一個特定物體注視（路過的小狗、一棵樹、一朵雲、一座紅綠燈），並且天馬行空想像與這個物體有關的各種內容。

・**聽覺**：聆聽周圍有哪些聲音的存在？風聲、車聲、鄰居的談話聲、社區廣播聲……持續仔細地聆聽，你還注意到哪些聲音？

・**嗅覺**：深呼吸，聞一聞盆栽裡葉子或花朵的氣味、身上衣服的味道，也可以嘗試氣味較濃烈的萬金油、薄荷膏、跌打損傷貼布……

・**味覺**：喝一杯冰涼的飲料、吃一口蛋糕、一片餅乾、幾粒葡萄乾……（建議是味道較重一些的食物）

・**觸覺**：用冷水洗臉、按壓穴道、在原地輕輕跳躍幾下、伸伸懶腰。

3 若無法離開——冷處理：練習讓自己「出戲」

如果暫時無法離開現場，還有一個方式能夠幫助你降低情緒波動的程度，我將這個方式稱之為「出戲」，也就是將自己從當下的情境「抽離」出來。

你可以想像自己的身體輕飄飄地上升、遠離正在上演衝突的現場，並且用一種「旁觀者」的角度，觀察眼前這家人如何上演一齣名為衝突的劇碼，找出你對這一齣劇最熟悉的劇情是什麼，預測接下來會如何進行，並且想想看：依據過往的經驗，如果想讓自己全身而退、或者減輕傷害，說出哪一句台詞比較妥當。

這麼做的目的在於，將自己與不舒服的情緒感受拉出一段距離，減少情緒失控的狀況發生。

在練習這六種具體的行動策略時，請記得兩個原則：

1 **熟能生巧**：因為面對高強度的衝突，經常會讓你感到害怕、焦慮，無法同時分心思考如何運用這些技巧。因此針對這些方法，如果想在需要的時刻瞬間且熟練地運用，**你必須從日常生活或較小的衝突情境開始練習起，逐漸達到熟能生巧的狀態。**

2 **循序漸進**：透過「風險評估」，從比較低強度的行動、較不具威脅性的對象開始練習起。放慢腳步，**從小的成功經驗逐漸累積**，慢慢地形塑出一套新的因應姿態，再將熟練後的技巧拓展到其他的互動當中。

結語 為生命創造正向漣漪

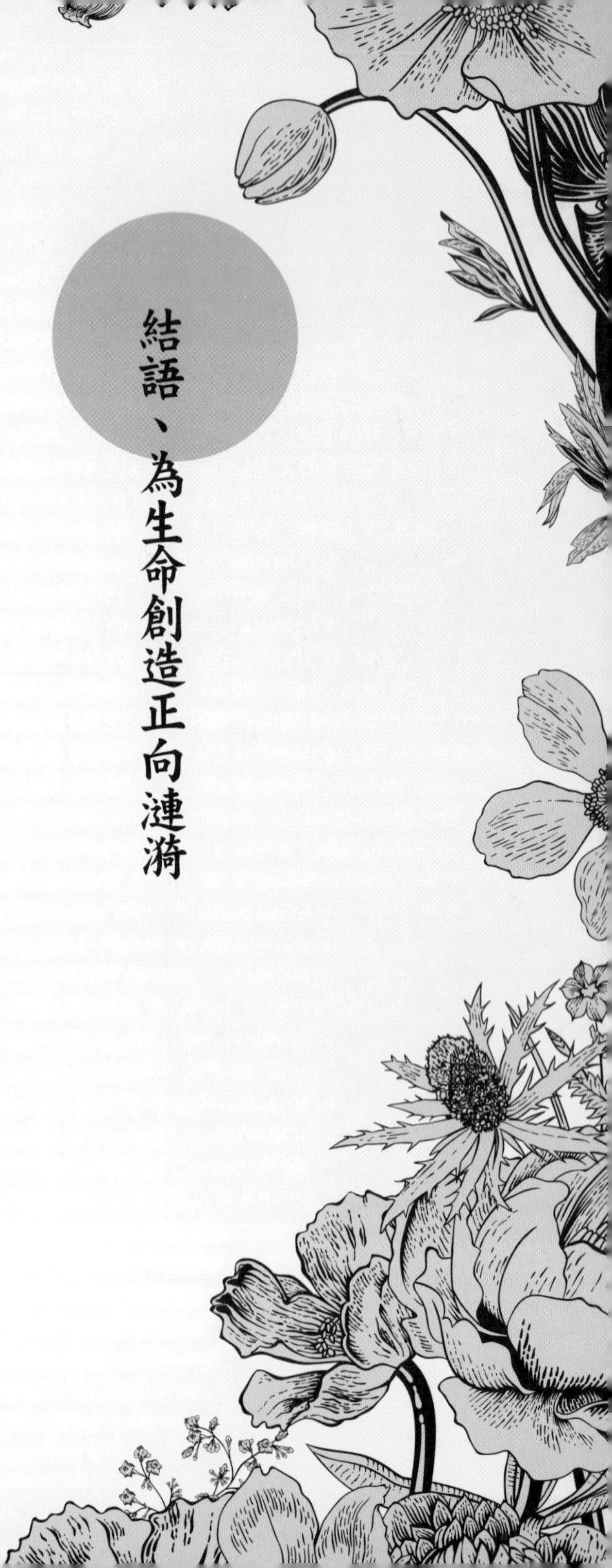

結語、為生命創造正向漣漪

「受傷的人是我，為什麼我還得為這一切努力？」「為什麼不是那些傷害我的大人改變？」假如你的內心有時還是會跳出這樣的聲音，請你溫柔地告訴自己：「我知道你很難受，我可以理解。可是如果想跳脫這種充滿傷害的互動，就需要你做一些努力，事情才可能有所不同。」

接著，請你認真地問自己：「你想不想擁有自在的生活？想不想擁有健康的關係？」如果答案是肯定的，那麼你就不需要把力氣放在堅持「該由誰先做改變」這件事上。

想要打造健康的關係與自在的生活，請把行動的掌控權握在自己手上：主動去練習可以為自己帶來正向改變的行動，無須被動等待誰來為我們做些什麼。

終止惡性循環，打造健康生活

任何一個正向的行動，都可能對充滿負向循環的關係帶來建設性的影響；任何一種正向的改變，都可能為僵化的現況帶來一些新的可能。

你的爸媽或許將祖父母對待他們的方式，複製到他們與你的關係當中；而你也可能將父母對待你的模式，用來對待你的親密伴侶、兒女，或者其他人際關係。無論這一切是從哪裡開始的，一旦你覺察了這種不健康的狀態，即使無力改變父母，但你至少可以開始練習用適當的方式來回應他們，並且以更尊重的態度來對待自己。

我們不再需要透過傷害、攻擊別人來滿足我們內在匱乏的價值感，也不需要藉由扭曲、隱微的方式要別人為我們負責。與此同時，我們也無須再接受他人無謂的攻擊、不需要替他人負起他們該負的責任，即使這個對象是我們的父母。

讓負向循環在我們的身上就此打住，我們值得擁有更健康的親密關係、過更自在的人生。讓我們身上珍貴的能量，應用在可以讓生活過得更好的層面上。

將改變帶來的正向效應，拓展到生活的其他層面

這本書是從邀請讀者思考「三個問題」開始的，在即將進入尾聲之際，我再度邀請你從三個問題的思考來為自己的閱讀經驗做整理：

1在這本書裡，令你印象深刻，或者有所感觸的是哪一個章節的內容？

2閱讀完這本書，你發現自己以往習慣用哪些方式來面對父母的控制、比較，或是指責？

3閱讀完這本書，在你的心中是否逐漸醞釀出一套可以讓自己活得更自在、更健康的行動計畫？如果可以，你打算如何開始呢？

在學習與成長的過程中，更重要的是將「學習的成效」類化到生活中的其他層面，讓學習的效果可以極大化。

這本書的重點是帶著成年孩子重新回到自己的原生家庭，探索我們與父母在互動過程中所受的傷害，但是，我們可以覺察與學習的範圍不該只侷限於此。因為，人的生活是一種完整而無法切割成各個部分的概念，我們會把在家裡學到的行為帶到學校與社會，也會將原生家庭的關係模式複製到生命中的其他關係裡。

「尊重彼此、保護自己」的態度，應該落實在生活中的所有關係裡面。

因此，如果你已經開始思考並嘗試改變你與父母互動的方式，那麼，也請將這樣的努力拓展到其他的人際關係當中。在任何一種關係當中的成功經驗，都可以用來鼓勵自己將好的經驗類化到其他關係。

讓你努力所獲得的正向成果，可以像湖面上優雅且持續擴散的漣漪，為自己創造自在、健康而美好的人生。

願這本書能陪伴你長出冒險的勇氣，祝福你！

【後記】

你，看得見自己嗎？

我在許多討論家庭議題的課程裡，最常被聽眾問的問題之一就是：「你們當心理師的總是可以說出很多理論和技巧，是不是你們本來就很懂得怎麼跟別人溝通？是否不太會跟家人起衝突？」

為了回答這問題，在這本書結束之前，我想說一個故事。

從小，我就認識一個年紀與我相仿的小男孩。

關於對他的認識，有絕大部分都是從他周圍那些師長或大人口中的「罪狀」一片一片拼湊而來的：

罪狀一：容易動怒，連為何生氣的原因都說不清楚。
罪狀二：自我中心，時常據理力爭、拒絕與他人妥協。
罪狀三：自作主張，從不與家人討論生活中的各項重要決定。
罪狀四：個性衝動，經常瞬間就把自己最真實的情緒往外發洩。
罪狀五：我行我素，不願配合傳統禮俗、總有一套自己的說法。

小時候，我曾經問他：「你幹嘛這樣？你喜歡這樣的自己嗎？」他困惑地說：「我也不知道我怎麼會這樣，我覺得自己好像很糟糕。」上了國中之後，他與父母的衝突加劇。我問他：「你一點都沒有變啊！你難道不想努力改變嗎？」

他竟憤怒道：「改什麼改？反正你們打從內心覺得我不好！既然努力了也沒用，乾脆繼續當你們說的那種人就好了。」

就像這樣，他很難講清楚自己的想法與感受，說出來的話就像銳利的刀刃，除了傷人、卻無法讓別人理解他。雖然我也曾經認為是大人誤解他，但漸漸地，連我也開始覺得有問題的人是他。

國中畢業之後，他跟我一樣考上外地的高中，開始獨自外宿的生活。據我所知，他和家人聚少離多，相處的時間有八成講不到幾句話就起衝突，剩下的一些時間則是用來冷戰。後來，我開始專注在自己的課業上，與他漸行漸遠、也愈來愈陌生。

大學畢業後，我又在軍中遇到同樣研究所落榜的他。

他不抽煙、不喝酒，而是迷戀上苦澀中帶著微酸的咖啡。他茫然地說，他好像在成長的過程中遺失了自己。不知道自己未來要做什麼？不知道與家人的衝突是因為自己不被理解、還是因為自己不懂事？他很想家，但也容易在與家人互動時感到受傷。

「大家都覺得我說話很傷人，所以不相信我其實也很脆弱吧？」他苦笑。

我不知道該怎麼回答，只是靜靜地聽著、喝完咖啡，然後起身離去。

退伍幾年後，聽說他已經從研究所畢業、投入心理諮商的工作，而且還專門與那些被認為忤逆大人、充滿偏差行為的兒童與青少年談話。

「開什麼玩笑？一個從小被認為脾氣很差、很難搞的人，竟然變成專門與兒童青少年談話的心理師？這要嘛是一場誤會，不然就是現世報。」我心想，發生了這麼光怪陸離的事情，是時候該找他聊聊了。

「我也不知道原因，總之後來就成了一個諮商心理師。」他又露出了一貫的頑皮笑容，同時將磨好的豆子倒進咖啡機裡。

我露出難以置信的表情。

「不過，」他突然認真地說道：「我在他們的身上，彷彿看到一份不被大人理解的苦悶。而這種苦悶，對我卻是莫名熟悉，所以我經常可以懂他們被別人認為偏差的行為、懂他們不為人知的情緒。」

他說，他發現許多孩子終其一生努力工作，是為了得到父母親的認同與鼓勵；許多孩子長時間的沒自信，僅是為了父母親一句有心或無心的貶低；有些孩子之所以放棄自己，是因為感受到不管自己怎麼做，好像也無法改變他們在父母心中的樣子；有時候衝動的回應，其實是反應著他們對父母在乎的程度；而他們的憤怒，很多時候是因為太多太複雜的訊息在內心衝撞，即使是語言能力成熟的大人，都未必能清楚地娓娓道來……

「很多人或許難以置信，孩子那些表面上被認為『難教』、『叛逆』的行為，其實充滿了對父母親的愛、以及渴望得到父母親的關愛。

「這些孩子找不到被大人認同的方式、達不到大人期待的標準，只能在一次一次的挫折中愈來愈無力。即使如此，孩子對家的愛都還在，卻因為害怕受傷，所以築起了高大的圍牆，把自己囚禁在裡面……

「你相信嗎？我在這些孩子的身上，彷彿找到了自己真實的樣子。

「雖然，我依舊在探索與家人相處的方式。但是找到了『自己』，就覺得穩定許多。我知道我沒辦法改變自己，卻可以練習調整與家人的互動模式，而且我很清楚那樣做的目的是什麼，所以，不用再擔心為了滿足別人而失去自己真實的樣子。」

碳焙的香氣緩緩地彌漫了整間書房，他起身拿了兩個杯子，分別倒滿剛煮好的咖啡。我從他手中接過熱騰騰的杯子，輕輕地啜飲了一口，在苦澀的口感散去之後，竟有一股清新的果香淺淺地縈繞在呼吸之間。

我回答完聽眾問的問題了。

而你，是否也猜到了這一個小男孩是誰了呢？

國家圖書館預行編目資料

修補生命的洞：從原生家庭出發，為童年療傷／
胡展誥著. --初版. --臺北市：寶瓶文化, 2018. 09
面； 公分. --（vision；164）
ISBN 978-986-406-134-1（平裝）

1. 家庭衝突 2. 親子關係 3. 家庭輔導
544.18 107015369

寶瓶 AQUARIUS

Vision 164

修補生命的洞——從原生家庭出發，為童年療傷

作者／胡展誥 心理師
副總編輯／張純玲

發行人／張寶琴
社長兼總編輯／朱亞君
副總編輯／張純玲
資深編輯／丁慧瑋 編輯／林婕伃
美術主編／林慧雯
校對／張純玲・陳佩伶・劉素芬・胡展誥
營銷部主任／林歆婕 業務專員／林裕翔 企劃專員／李祉萱
財務／莊玉萍
出版者／寶瓶文化事業股份有限公司
地址／台北市110信義區基隆路一段180號8樓
電話／(02) 27494988 傳真／(02) 27495072
郵政劃撥／19446403 寶瓶文化事業股份有限公司
印刷廠／世和印製企業有限公司
總經銷／大和書報圖書股份有限公司 電話／(02) 89902588
地址／新北市新莊區五工五路2號 傳真／(02) 22997900
E-mail／aquarius@udngroup.com

法律顧問／理律法律事務所陳長文律師、蔣大中律師
如有破損或裝訂錯誤，請寄回本公司更換
著作完成日期／二〇一八年六月
初版一刷日期／二〇一八年九月二十六日
初版四刷+日期／二〇二四年一月十七日
ISBN／978-986-406-134-1
定價／三三〇元

AQUARIUS 寶瓶 文化事業

愛書人卡

感謝您熱心的為我們填寫，
對您的意見，我們會認真的加以參考，
希望寶瓶文化推出的每一本書，都能得到您的肯定與永遠的支持。

系列：Vision 164　　書名：修補生命的洞——從原生家庭出發，為童年療傷

1. 姓名：＿＿＿＿＿＿＿　性別：□男　□女

2. 生日：＿＿年＿＿月＿＿日

3. 教育程度：□大學以上　□大學　□專科　□高中、高職　□高中職以下

4. 職業：＿＿＿＿＿＿＿

5. 聯絡地址：＿＿＿＿＿＿＿＿＿＿＿＿＿＿

聯絡電話：＿＿＿＿＿＿＿　手機：＿＿＿＿＿＿＿

6. E-mail信箱：＿＿＿＿＿＿＿＿＿＿＿＿

□同意　□不同意　免費獲得寶瓶文化叢書訊息

7. 購買日期：＿＿年＿＿月＿＿日

8. 您得知本書的管道：□報紙／雜誌　□電視／電台　□親友介紹　□逛書店　□網路
□傳單／海報　□廣告　□其他

9. 您在哪裡買到本書：□書店，店名＿＿＿＿＿　□劃撥　□現場活動　□贈書
□網路購書，網站名稱：＿＿＿＿＿＿　□其他＿＿＿＿＿

10. 對本書的建議：（請填代號　1. 滿意　2. 尚可　3. 再改進，請提供意見）

內容：＿＿＿＿＿＿＿＿＿＿

封面：＿＿＿＿＿＿＿＿＿＿

編排：＿＿＿＿＿＿＿＿＿＿

其他：＿＿＿＿＿＿＿＿＿＿

綜合意見：＿＿＿＿＿＿＿＿＿＿＿＿＿＿＿＿＿＿＿＿

11. 希望我們未來出版哪一類的書籍：＿＿＿＿＿＿＿＿＿＿＿＿

讓文字與書寫的聲音大鳴大放

寶瓶文化事業股份有限公司

（請沿此虛線剪下）

廣 告 回 函
北區郵政管理局登記
證北台字15345號
免貼郵票

寶瓶文化事業股份有限公司收

110台北市信義區基隆路一段180號8樓

8F,180 KEELUNG RD.,SEC.1,

TAIPEI.(110)TAIWAN R.O.C.

（請沿虛線對折後寄回，或傳真至02-27495072。謝謝）